초역 니체의 말

초역 니체의 말

[超譯]

"나는 인생이 수없이 흔들릴 때마다 니체의 말 하나로 맞섰다."

나를 죽이지 못하는 고통은 —— 나를 더 강하게 만들 뿐이다

프리드리히 니체 지음
권용선 엮음

지혜의숲

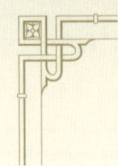

차례

들어가며 · 9

1장
도전과 자기 초월 · 13

과거에 묶이면 앞으로 나아갈 수가 없다 | 동물이 인간보다 행복한 이유는 잊기 때문이다 | 사건이 많이 일어날수록 사람은 피로해진다 | 행복은 순간 속에 있다 | 지나친 집착은 삶을 미워하게 만든다 | 삶은 단순할수록 건강하다 | 삶은 흐르는 강물처럼 흘러야 한다 | 괴물을 상대하는 자는 스스로 괴물이 되지 않도록 조심하라 | 남의 옷만 입는 자는 자기 체온을 잃는다 | 뼈대 없는 집은 무너지고 중심 없는 인생은 흔들린다 | 사람이 불행해지는 이유는 비교 때문이다 | 충만한 사람은 세상을 바꾸지만 빈곤한 사람은 위로를 찾는다 | 많은 사람의 박수보다 몇 사람의 깊은 공감이 더 값지다 | 자유를 잃는 순간 내 삶은 남의 것이 된다 | 증오로는 아무것도 얻지 못한다 | 사람은 자기가 믿는 대로 살아간다 | 실망이 반복되면 사람도 관계도 무너진다 | 휴식을 핑계 삼아 도망치면 훗날 더 큰 값을 치러야 한다 | 말투를 보면 그 사람의 인생이 보인다 | 밝은 모습 뒤에 감춰진 슬픔이 있을 수 있다 | 나를 죽이지 않는 고통은 나를 강하게 한다 | 운명을 사랑하는 태도가 결국 삶을 바꾼다 | 삶은 문제투성이지만 그럼에도 살아볼 만하다 | 우울할 땐 무조건 산책을 하라 | 기대가 크면 실망도 크다 | 누군가를 지나치게 좋게 보면 본모습을 보지 못한다 | 가장 사랑하는 것에 등을 돌릴 용기가 필요하다 | 내가 이겨야 하는 상대는 나 자신이다 | 믿음과 지식을 헷갈리는 순간 삶은 방향을 잃는다 | 진짜 실력은 어려운 문제를 피하지 않을 때 드러난다 | 평판에 목매지 마라 | 쉽게 얻은 명성은 쉽게 무너진다 | 말의 품격이 사라지면 삶의 품격도 사라진다 | 내가 쓰는 말이 나를 만든다 | 말이 가난해지면 삶도 가난해진다 | 생각을 게을리하면 삶이 게을러진다 | 자극 없는 환경은 인간을 무기력하게 만든다 | 대충하는 태도는 결국 삶 전체를 무너뜨린다 | 무언가를 진정으로 배웠다면 삶이 달라져야 한다 | 행복은 과거보다

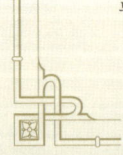

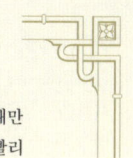

지금에 집중할 때 온다 | 너무 많은 것을 기억하면 내가 지친다 | 남의 실패만 바라보면 내 삶은 앞으로 나아가지 못한다 | 인생은 속도가 아니라 방향이다 빨리 가는 것보다 끝까지 가는 것이 더 중요하다

2장
행복과 불행의 기준 · 57

단호한 태도보다 중요한 것은 내면의 무게다 | 답은 생각을 멈추게 하고 질문은 생각을 살게 한다 | 바쁨의 이유를 잃으면 삶은 공허해진다 | 지켜야 한다는 감정이 강할수록 인간은 가능성을 닫아버린다 | 매일 하는 말이 곧 내 인생을 만든다 | 사람은 이성보다 기분을 더 믿는다 | 인간은 착한 일도 관객이 있어야 한다 | 아무리 친구라도 죽을 때까지 숨겨야 하는 말이 있다 | 정직함을 잃으면 인격 전체가 무너진다 | 잘못된 위안은 고통보다 더 큰 해를 남긴다 | 사람은 멀리 있는 답을 찾다 눈앞의 가치를 놓친다 | 스스로를 미워하는 사람은 타인에게도 미움을 산다 | 무리한 규칙과 계획은 스스로를 무너뜨린다 | 억압은 탈출과 파괴를 부른다 | 시기 속에서는 우정이 자랄 수 없다 | "예"와 "아니오"를 스스로 선택할 수 있을 때가 진정한 자유다 | 지나친 욕망은 벌이 되어 돌아온다 | 인생의 진가도 좋은 책처럼 시간이 지나야 드러난다 | 반복은 지루함이 아니라 성숙의 과정이다 | 진짜 위험은 큰 실수보다 작은 반복에 있다 | 열린 태도가 없으면 아무것도 배우지 못하고 아무것도 바꾸지 못한다 | 뻔해 보이는 말 속에 진짜 지혜가 숨어 있다 | 간절함이 없는 노력은 오래가지 않는다 | 좋은 아포리즘은 세월이 흘러도 사라지지 않는다 | 취향은 삶을 즐겁게 만드는 가장 단순한 힘이다 | 오늘의 시대는 자유가 큰 만큼 책임도 크다 | 예술은 때로 혼란을 풀어주는 통로가 된다 | 배움은 나이가 들어도 끝나지 않는다 | 의심스럽다면 일단 멀리하라 | 진짜 힘은 절제에서 나온다 | 이해받지 못해도 자신의 길을 걸어야 한다 | 사람을 지치게 하는 예술은 좋은 예술이 아니듯 사람을 지치게 하는 관계도 좋은 관계가 아니다 | 욕심이 많을수록 중심을 잃는다 | 모든 것에는 때가 있다 | 삶을 사랑하는 사람과 삶을 미워하는 사람의 작품은 다르다 | 희망이 있어야 새로운 길을 열 수 있다 | 고통을 사람을 무너뜨리기도 더 크게 세우기도 한다

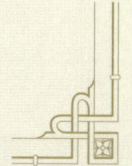

3장
인간관계의 본질

환경이 바뀌지 않으면 변화도 없다 | 고통을 외면하지 않는 태도가 진짜 강함이다 | 방향이 분명하지 않으면 열정도 길을 잃는다 | 진실은 시간이 지난 후에 힘을 가진다 | 사람은 타인의 강점보다 결점을 먼저 기억한다 | 말은 언제든 그럴듯하게 포장될 수 있다 | 상처 없는 배움은 없다 | 빈 그릇에 금칠을 해도 비어 있다는 건 똑같다 | 남들과 다른 선택을 하면 그만큼 더 많은 노력이 필요하다 | 좋은 것은 삶을 끌어당긴다 | 변화는 혼란이 아니라 확장이다 | 중요한 건 양이 아니라 질이다 | 인생은 완성된 그림이 아니라 끝없는 스케치다 | 새로운 믿음은 오래된 믿음을 깨뜨릴 때 시작된다 | 진실은 피한다고 사라지지 않는다 | 세상을 바꾸고 싶다면 먼저 나부터 바꿔라 | 자연스러움 속에서 품격이 우러나온다 | 목소리의 크기로는 사람의 마음을 움직일 수 없다 | 사랑이 네가 아니라 나를 위한 것이다 | 구원은 순수한 선행이 아니라 권력의 한 형태다 | 사랑은 때로 이름을 빌려 영혼을 지배한다 | 무작정 던지는 괜찮다는 말은 아무것도 하지 않겠다는 선언이다 | 막혔다고 생각한 길 끝에서 새로운 길이 열린다 | 유혹은 파괴의 가장 교묘한 형태다 | 영혼이 약해지면 해로운 것에 끌린다 | 아름다움은 인간의 경계심을 가장 먼저 무너뜨린다 | 명분이 너무도 훌륭하면 의심하라 | 진짜는 조용하고 가짜는 시끄럽다 | 작은 것에 매달리면 큰 것을 놓친다 | 차가운 무관심이 아니라 뜨거운 속도를 경계하라 | 작은 만족에 안주하는 순간 성장은 멈춘다 | 소비는 금방 잊히지만 경험은 오래 기억된다 | 순간의 얕은 자극보다 오래가는 깊이가 더 강하다 | 결정을 내린 뒤 이유를 찾는 것이 인간이다 | 꼼수는 해결이 아니라 회피다 | 진짜 승자는 이긴 순간부터 다시 다음을 준비한다 | 성장은 결핍과 불안에서 나온다 | 경쟁자를 인정할 때 성장의 길이 열린다 | 진짜 위험은 비판이 아니라 자기기만이다 | 배움에 끝이 있다고 믿는 건 착각이다 | 문제는 숨긴다고 사라지지 않는다 | 진짜 적은 바깥이 아니라 내 안에 있다 | 변화를 막는 사람과는 단호히 결별하라 | 불편해도 꼭 해야 할 말이 있다 | 단단해 보이는 껍데기가 가장 쉽게 깨진다 | 위대한 것도 결국 보잘것없는 재료에서 나온다 | 주변 사람의 수준이 곧 나의 수준이다

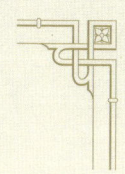

4장

삶의 무게와 태도

새벽은 늘 어둠의 끝에서 시작된다 | 혼자 버틴 시간이 결국 가장 큰 힘이 된다 | 확신은 안전해 보이지만 가장 위험하다 | 갈등을 피하면 평화는 남지만 성장은 사라진다 | 지나간 것을 붙잡는 순간, 후회가 시작된다 | 속도가 전부일 때 가장 먼저 사라지는 건 깊이다 | 영원히 옳은 생각은 없다 | 세상을 어둡게 그릴수록 가능성은 줄어든다 | 어떤 것도 그냥 주어지는 것은 없다 | 타인의 시선을 두려워하지 않아야 감춰진 것을 볼 수 있다 | 기회는 오는 것이 아니라 쟁취하는 것이다 | 때로는 스스로를 속여야만 살아갈 수 있다 | 혼자 버틸 수 있어야 함께할 때도 단단하다 | 자유는 주어지는 게 아니라 스스로 얻는 것이다 | 어려운 순간을 겪어야 스스로에 대한 믿음이 생긴다 | 머물 줄도 떠날 줄도 아는 것이 성숙한 인간이다 | 아픔을 겪어야 사소한 것이 선물이 된다 | 내 장점이 오히려 나를 가둔다 | 진정한 관계는 애정과 비판이 함께한다 | 처음의 일이 잘 안돼도 다른 길에서 성공할 수 있다 | 의심은 불신이 아니라 안전장치다 | 변화는 오랜 준비 끝에 드러난다 | 말은 늘 자신을 보호하거나 이득을 챙기는 방향으로 흘러간다 | 사소한 말이 말한 사람의 본능을 폭로한다 | 먼저 이해하라, 그다음에 평가하라 | 내면의 충돌은 고통스럽지만 그 고통이 곧 성장이다 | 위대한 사람은 말이 아니라 행동으로 자신을 증명한다 | 약함은 숨길수록 더 눈에 띈다 | 문제의 크기는 시야의 각도에 달려 있다 | 선구자는 늘 이상한 사람 취급을 받는다 | 두려움은 무지 속에서 자라고 이해 속에서 사라진다 | 무지보다 더 위험한 것은 잘못된 지식이다 | 원인을 바로 보지 못하면 결과도 바로잡을 수 없다 | 우연에 죄를 덮어씌우지 마라 | 진짜 길은 세상이 당신에게 등을 돌릴 때 시작된다 | 고통을 피할 수 없다면 고통을 바라보는 시선을 바꿔라 | 규칙이 없는 자유는 자유가 아니다 | 고통을 견디는 흔적은 여전히 우리 안에 남아 있다 | 경험 없는 말은 공허하다 | 언어는 그 사람이 살아온 방식의 흔적이다 | 변화를 원한다면 불편함을 견뎌야 한다 | 실망은 한 번으로 끝나지 않는다 | 가장 깊은 상처는 가장 사랑했던 것에서 온다 | 평생 친구는 환상이다 | 지금의 편안함은 내일의 짐이다 | 책임은 피할수록 더 무겁게 자란다 | 세상은 강한 자에게 더 무거운 짐을 준다

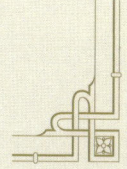

들어가며

　니체에게는 종종 '위험한 철학자', '광인', '반도덕주의자'라는 꼬리표가 따라다닌다. 그러나 그의 삶과 글을 찬찬히 들여다보면, 그가 절대적 기준이 희미해진 시대에 무엇을 삶의 기준으로 삼을지 치열하게 모색한 사상가였음을 알게 된다. 그가 내세운 새로운 기준은 바로 '삶의 건강함'이었다. 니체에게 진정 가치 있는 것은, 추상적이고 초월적인 원리에 삶을 끼워 맞추는 것이 아니라, 삶을 다시 일으켜 세우고 더욱 건강하게 북돋는 일이었다.

　니체의 철학은 고요한 서재가 아닌 삶의 격랑 속에서 빚어졌다. 스물넷에 바젤 대학교 교수가 될 만큼 촉망받는 인재였지만, 전쟁에 위생병으로 복무한 뒤 건강을 잃고 강단을 떠나야 했다. 이후 스위스와 이탈리아를 오가며 요양과 집필을 병행하는 삶을 이어 나가면서, 니체는 건강을 바라보는 자신만의 관점이 생겼다. 그는 건강을 단순한 생리학적 상태가 아닌 삶 자체의 형식과 가치를 재는 척도로 생각하게 되었다. 신체적 고통과 더불어, 니체는 정신적 동지였던 음악가 바그너와 결별하였고, 사랑했던 루 살로메와의 관계에서도 아픔을 겪으며 쓰디쓴 고독을 맛보았다. 1889년 토리노에서 정신이 무너진 뒤 착란 상태로 11년을 보내다 1900년에 세상을 떠났다. 이후 그의 저작은 여동생의 왜곡된 편집을 거쳐 나치즘을 정당화하는 데 악용되었으나, 20세기 후반 원전 복원이 본격화되면서 그의 사상은 비로소 제빛을 되찾았다. 그의 철학은 이처럼 고통과 회복, 쇠약과 활력 사이를 쉼 없이 오가는 삶의 궤적 속에서 무르익었다.

니체는 개인적 고통의 경험을 시대의 병리에 대한 진단으로 확장했다. 그 진단을 집약한 말이 바로 "신은 죽었다"라는 선언이다. 이는 오랜 세월 서구의 가치 질서를 떠받쳐온 초월적 근거가 설득력을 잃었다는 뜻이며, 그 결과 도래한 허무주의를 직시한 결과였다. 허무주의를 극복하기 위한 그의 처방은 모든 가치를 재평가하는 것이었고, 그 기준은 삶의 건강이었다. 즉, 어떤 가치가 인간을 복종과 죄책감에 묶어 삶을 허약하게 만드는지, 아니면 의지를 고양시키고 회복력을 키워주는지 따져보자는 것이다.

이를 위해 그가 택한 길은 '선'과 '악' 같은 도덕 개념이 절대적 진리가 아니라 특정 시대의 권력과 욕망 속에서 어떻게 형성되었는지를 추적하는 계보학적 탐구였다. 이러한 탐구 속에서 그는 우리가 진리라 여기는 것은 고정된 실체가 아니라, 삶을 특정 방향으로 이끌기 위한 하나의 해석일 뿐이라는 결론에 이르는데, 이것이 바로 관점주의다. 그러나 이 관점주의는 '모든 것이 옳다'는 식의 무책임한 상대주의와는 거리가 멀다. 오히려 어떤 해석이 우리의 힘을 증대시키고 삶에 활력을 불어넣는지를 바탕으로, 그 해석에 책임을 지려는 치열한 태도에 가깝다.

이러한 태도를 밀어 올리는 근원적 동력이 '힘에의 의지'다. 이는 단순히 타인을 지배하려는 충동이 아니라, 자기 한계를 넘어 끊임없이 성장하고 생의 에너지를 확장하려는 긍정적 의지다. 그는 이 힘에의 의지를 토대로, 외부의 권위에 기대지 않고 스스로 가치를 창조하며 삶을 온전히 긍정하는 인간상, 즉 '위버멘쉬'를 제시했고, 이는 곧 가장 높은 형태의 건강함을 의미한다.

오늘날 니체를 읽어야 하는 이유도 여기에 있다. 더 이상 절대적 기준이 힘을 발휘하지 못하는 시대, 무엇을 붙잡아야 할지 막막한 우리에게 그는 삶 그 자체를 가꾸는 힘을 기준으로 삼으라고 권한다. 니체의 짧고도 강렬한 문장들은 독자로 하여금 일방적인 수용자에 머물지 말고, 함께 생각을 나누는 동반자가 될 것을 권한다. 그의 말은 때로 낯설고 불편하게 다가오지만, 그만큼 새로운 눈을 뜨게 하고 사유의 지평을 넓혀 준다.

니체를 읽는다는 것은 새로운 믿음을 얻는 일이 아니다. 익숙한 확신에서 잠시 물러나, 스스로의 삶의 기준을 다시금 묻는 연습이다. 문장을 급히 읽어내리기보다 한 줄 한 줄 곱씹으며, 그의 말이 건네는 물음에 귀 기울이고 열린 마음으로 응답할 때, 이 책은 정답지가 아니라 각자가 답을 써 내려가는 연습장이 될 것이다. 그 속에서 우리는 물음을 견디는 힘과 자기 존재에 대한 책임, 그리고 삶 전체를 긍정하려는 용기를 길러낼 수 있을 것이다.

일러두기

이 책은 니체의 『반시대적 고찰(Untimely Meditations)』, 『인간적인, 너무나 인간적인(Human, All Too Human)』, 『아침놀(The Dawn of Day)』, 『선악의 저편(Beyond Good and Evil)』, 『바그너의 경우(The Case of Wagner)』, 『니체 대 바그너(Nietzsche contra Wagner)』의 원문과 내용을 확인하고, 발췌한 뒤 읽기 쉽게 가다듬은 글을 실었습니다.

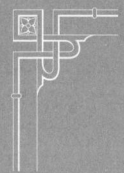
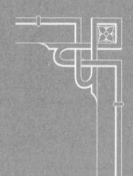

1장

도전과 자기 초월

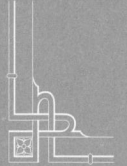
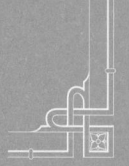

001

과거에 묶이면 앞으로 나아갈 수가 없다

후회되는 기억이 있는가? 그렇다고 답할 것이다. 그렇다면 다시 묻는다. 과거를 바꿀 수 있다고 생각하는가? 과거는 아무리 붙들어도 돌아오지 않는다. 절대 다시 바꿀 수 없다. 그러나 사람들은 과거를 떠나지 못한다. 잘못한 일을 반복해서 되새기고 이미 끝난 일을 붙들고 자신을 갉아먹는다. 앞으로 걸어가면서도 자꾸 뒤를 돌아보는 것과 똑같다. 우리가 나아가야 하는 방향은 뒤가 아니라 앞이다. 과거에 묶이면 앞으로 나아갈 수 없다. 삶은 멈추는 게 아니라 계속 나아가는 것이다.

— 반시대적 고찰
Untimely Meditations

002

동물이 인간보다 행복한 이유는 잊기 때문이다

동물과 인간 중 누가 더 행복해 보이는가? 더 우월해 보이는 인간이 더 행복할 거라고 생각하지만 동물이 더 행복한 삶을 산다. 동물은 현재에 산다. 어제가 없다. 내일도 없다. 오로지 지금만을 생각한다. 인간은 다르다. 어제를 기억하고 내일을 걱정한다. 기억은 인간을 특별하게 만들지만 동시에 자유를 앗아간다. 과거 기억의 무게 때문에 아무것도 하지 못할 때가 많기 때문이다.

  인간에게 필요한 것은 기억을 없애는 것이 아니라 기억을 다스리는 것이다. 기억할 것을 가려내고 버려야 할 것은 놓아버려야 한다. 동물처럼 잊을 건 잊어야 자유로워진다. 잊어야 할 것을 잊을 것. 놓아야 할 것을 내려 놓을 것. 자유는 그렇게 시작된다. 행복도 그렇게 시작된다.

— 반시대적 고찰
Untimely Meditations

003

사건이 많이 일어날수록 사람은 피로해진다

삶에는 늘 예기치 않은 일이 찾아온다. 힘든 사건 한두 번 정도는 견딜 수 있지만 안 좋은 일이 계속 이어지면 서서히 지쳐간다. 나쁜 사건은 마음의 에너지를 소모시킨다. 처음에는 대응할 힘이 있다. 두 번째는 여전히 버틸 수 있다. 그러나 세 번째, 네 번째가 이어지면 마음이 점점 무거워지고 결국 무너진다. 사건이 많아질수록 사람은 삶의 의욕을 잃는다. 새로운 어려움이 닥쳐도 더 이상 늘라지 않는 대신 무덕감이 자리 잡는다. 불행의 연속은 희망을 약하게 만든다. 사건이 많아질수록 사람은 피로해진다. 불행은 피할 수 없지만 쌓이게 해서는 안 된다. 멈추고 회복할 시간을 갖지 못하면 결국 무너진다. 불행이 쌓이면 결국 정신이 버티지 못한다.

— 반시대적 고찰
Untimely Meditations

004

행복은 순간 속에 있다

행복을 미래에 두지 않았는가? 무언가를 얻어야 행복할 것이라고 믿고 있지 않았는가? 그렇게 미래를 기다리는 동안 지금의 순간을 흘려보내고 있지 않은가? 행복은 순간 속에 있다. 더 나은 직장, 더 많은 돈, 더 높은 성취에 행복이 있는 것이 아니다. 지금을 잃어버린 채 미래의 환상만 좇으면 절대 행복할 수 없다. 순간을 놓치면 행복을 놓친다. 삶은 순간의 연속이다. 말 한 마디, 미소, 바람이 스치는 것이 모든 것은 다 순간 속에만 있다. 행복을 미루지 않고 지금을 붙잡을 수 있는 사람만이 진짜 행복을 아는 것이다.

— 반시대적 고찰
Untimely Meditations

005

지나친 집착은 삶을 미워하게 만든다

집착은 단순한 관심이 아니다. 집착은 마음이 한곳에 묶여 다른 것을 보지 못하는 상태다. 원하는 것에 모든 것을 쏟아붓고, 얻지 못하면 불안해지고 얻어도 곧 불만이 생긴다. 집착하는 사람은 자신이 집착하는 것 외에는 아무 의미가 없다고 믿는다. 일이든 관계든 성취든 그것에만 인생을 건다. 집착하면 마음이 왜곡된다. 원래는 기쁨이 되어야 할 것이 짐이 되고 애정을 품어야 할 관계가 속박이 되고 성취의 기쁨이 불안으로 바뀐다. 원하는 것을 얻지 못하면 자기 삶을 미워하게 되고 막상 얻어도 그것을 지켜내지 못할까 불안해하며 사는 것이다. 집착은 삶을 지키는 힘이 아니라 삶을 파괴하는 힘이다. 집착이 지나치면 삶을 미워하게 된다.

— 반시대적 고찰
Untimely Meditations

006
삶은 단순할수록 건강하다

건강한 삶이란 단순한 삶이다. 사람은 더 많은 것을 원한다. 더 많은 지식, 경험, 성취가 쌓여야 잘 사는 것이라 믿는다. 많이 가질수록 삶은 복잡해지고 복잡한 삶은 마음의 평화를 방해한다. 단순함이 사라지고 피로한 일만 가득하기 때문이다.

단순하게 사는 사람은 불필요한 짐을 지지 않는다. 현재를 가장 중요하게 생각하며 가질 수 없는 것을 가지려고 애쓰지도 않는다. 너무 많은 것을 짊어지고 걷지도 않는다. 단순한 것은 무지한 것이 아니다. 진정한 단순함은 나의 선택이다. 중요한 것과 그렇지 않은 것을 구분하고 필요한 것만 남기는 것이 진정한 단순함이다. 삶은 단순할수록 건강하다.

— 반시대적 고찰
Untimely Meditations

007

삶은 흐르는 강물처럼 흘러야 한다

물은 흐르지 않고 고여 있으면 썩는다. 강물은 거슬러 올라가지도 않는다. 무엇을 만나도 멈추지 않는다. 바위를 만나도 멈추지 않듯 삶도 어려움에 가로막혀도 결국 나아가야 한다. 삶이 오로지 나아가야 하는 방향은 앞이다. 멈추는 순간부터 삶 역시 썩고 무너진다. 매일 똑같은 하루를 살고 있는 것 같아도 하루하루 변하고 있다. 그 변화 속에서 무언가를 붙잡고 있으면 흐르지 못하는 것과 똑같다. 살아 있는 것은 움직인다. 오직 죽은 것만이 멈춘다. 삶은 흐르는 강물처럼 흘러야 한다.

— 반시대적 고찰
Untimely Meditations

008

괴물을 상대하는 자는
스스로 괴물이 되지 않도록 조심하라

인생은 싸움의 연속이다. 불의와 맞서고 부정과 싸우며 나를 해치는 것들과 대립한다. 싸움은 언제나 위험을 안고 있다. 싸우는 과정에서 내가 닮고 싶지 않은 것을 닮아버리기 때문이다. 악과 맞서면서 나도 악에 물들 수 있다. 거짓과 싸우면서 나도 거짓을 쓰게 된다. 괴물과 싸우다 보면 어느 순간 내가 괴물처럼 행동하고 있게 된다. 괴물이 되어서는 안 된다. 인생은 단순히 이기는 것이 목적이 아니다. 끝까지 내 모습을 지켜내는 것이 인생의 승리다. 싸움에서 살아남더라도 나 자신을 잃는다면 남는 건 폐허뿐이다. 인생은 두 가지의 싸움이 있다. 바깥과의 싸움과 스스로를 지켜내는 싸움이다. 남을 꺾는 것보다 나를 잃지 않는 것이 더 중요하다. 인생에는 수많은 괴물이 있다. 괴물을 닮으려 하지 마라. 고귀한 자신으로 이겨내라. 무엇을 해도 자신을 잃지 마라.

— 선악의 저편 *Beyond Good and Evil*

009

남의 옷만 입는 자는 자기 체온을 잃는다

사람은 살아가면서 끊임없이 비교한다. 옆 사람의 말투, 취향, 유명인의 습관까지 나보다 더 나아 보인다고 느껴지면 나도 모르게 따라 하기 시작한다. 다른 사람을 따라 하는 것은 남의 옷을 입는 것과 같다. 남의 옷은 처음엔 화려해 보인다. 그 옷을 걸친 순간 스스로 한 단계 올라선 것 같다. 사람들의 시선도 달라진 듯하다. 그러나 오래 입을수록 낯설 것이다. 남의 옷이 크면 흘러내릴 것이고 작으면 숨이 막힐 것이다. 삶도 똑같다. 남이 정한 기준을 그대로 좇으면 내 기준이 사라진다. 겉으로는 성공한 듯 보여도 안으로는 공허하다. 자신의 체온을 지킨다는 것은 곧 자기 옷을 입는다는 뜻이다. 자신의 방식으로 살아간다는 뜻이다. 결국 인생에는 나만의 기준이 있어야 한다.

— 반시대적 고찰
Untimely Meditations

010

뼈대 없는 집은 무너지고
중심 없는 인생은 흔들린다

집을 지을 때 가장 중요한 것은 뼈대다. 기둥과 대들보가 있어야 벽도 세우고 지붕도 얹을 수 있다. 아무리 멋진 장식과 가구가 있어도 뼈대가 약하면 집은 무너진다.

좋은 직장, 번듯한 집, 화려한 인간관계는 모두 겉으로는 대단해 보이지만 삶을 지탱하는 중심이 없으면 아무 소용이 없다. 외부 조건이 무너지면 나 자신도 함께 무너지기 때문이다. 중심이 있는 사람은 실패를 해도, 관계가 깨져도, 뜻대로 되지 않아도 다시 일어난다. 지켜내고 싶은 가치, 양보하지 않을 원칙, 끝까지 믿을 수 있는 삶의 기준. 그것이 뼈대가 되어 있어야 인생을 버틸 수 있다. 삶은 결국 흔들림의 연속이다. 세상은 끊임없이 변하고 사람은 언젠가 떠난다. 중심이 있는 사람은 흔들릴 수 있어도 무너지지 않는다.

— 반시대적 고찰
Untimely Meditations

011
사람이 불행해지는 이유는 비교 때문이다

사람은 왜 불행해지는가? 남과 비교하기 때문이다. 자신보다 더 나은 처지의 사람을 바라보기 때문이다. 가진 것은 생각하지 않고 부족함만 떠올리며 스스로 불행의 길을 걷는다. 나보다 훨씬 더 힘든 사람들이 얼마나 많은지 생각해 본 적이 있는가? 몸이 아파 일어나지 못하는 사람들. 오늘 한 끼 식사를 걱정하는 사람들. 그들도 나와 같은 세상에 살아가고 있다.

지금 몸이 아프지 않은가? 그렇다면 행복한 것이다. 지금 큰 괴로운 속에 있지 않은가? 그렇다면 행복한 것이다. 세상은 내가 어디에 시선을 두느냐에 따라 불행이 될 수도 행복이 될 수도 있다. 더 많은 것을 가지려 하지 마라. 더 큰 것을 바라보려 하지 마라. 행복은 만족할 줄 아는 사람에게 주어진다. 비교를 끊고 욕망을 비우는 순간 삶은 이미 행복으로 바뀐다.

— 반시대적 고찰
Untimely Meditations

012

충만한 사람은 세상을 바꾸지만 빈곤한 사람은 위로를 찾는다

사람에게는 힘이 있다. 삶을 살아갈 힘 말이다. 그런데 그 힘이 넘치는 사람과 부족한 사람은 전혀 다른 선택을 한다. 내가 가진 것이 충만할 때 시선은 자연스럽게 바깥으로 향한다. 더 나누고 싶고 더 바꾸고 싶어진다. 충만한 사람은 자기 삶을 넘어 세상에 흔적을 남긴다. 작은 변화라도 만들고 주변을 밝히고 결국 세상을 조금 더 나은 방향으로 움직인다.

삶이 빈곤한 사람은 시선이 안으로만 향한다. 가진 게 부족하니 버티기 위해 위로를 찾는다. 누군가의 말에 기대고 작은 달콤함에 매달리고 순간의 도취 속에서 안정을 구한다. 그 안에 머무르면 더 이상 앞으로 나아가지 못한다. 마음이 충만하면 세상마저 바꿀 수 있지만 마음이 빈곤하면 위로만 찾게 된다. 결국 제일 먼저 채워야 하는 것은 마음의 충만함이다.

— 바그너의 경우, 니체 대 바그너
The Case of Wagner, Nietzsche contra Wagner

013

많은 사람의 박수보다
몇 사람의 깊은 공감이 더 값지다

많은 사람에게 인정받고 싶은 것은 인간의 본능이다. 더 많은 관심을 받고 더 많은 박수를 받는 게 성공이라고 믿는다. 하지만 시간이 지날수록 깨닫게 된다. 수많은 박수보다 마음을 울리는 몇 사람의 공감이 훨씬 더 소중하다는 것을. 박수 소리가 멈추면 공허함이 찾아오고 다시 더 큰 인정을 원하게 되지만 진심으로 내 마음을 이해해 주는 사람의 공감은 오래 남는다. 넓게 아는 사람이 많아도 마음을 나눌 사람이 없으면 외롭고 손에 꼽을 만큼의 사람이라도 진심으로 공감해 주는 사람들이 곁에 있다면 외롭지 않은 것과 똑같다.

— 바그너의 경우, 니체 대 바그너
The Case of Wagner, Nietzsche contra Wagner

014

자유를 잃는 순간 내 삶은 남의 것이 된다

다른 사람의 눈치를 보며 결정을 내리는 것. 주변의 시선이나 사회의 기대에 맞춰 내 삶을 남이 대신 살아주는 것을 방관하는 것. 편해 보일 수는 있지만 다 자유를 잃는 행위다. 사회가 정해놓은 정답, 남들이 정해놓은 안전한 길을 걷는 순간 더 이상 내 삶의 주인은 내가 아니다. 나는 단지 따라가는 존재가 될 뿐이다.

자유를 잃으면 삶이라는 무대 위에서 주인공이 아니라 조연이 될 뿐이다. 남이 써준 대본대로만 움직이고 남이 짜준 무대 안에서만 연기한다. 삶은 연극이 아니다. 자유를 지키는 건 불편해도 결국 내가 내 삶을 지키는 가장 확실한 길이다. 자유를 잃는 순간 내 삶은 남의 것이 된다.

— 바그너의 경우, 니체 대 바그너
The Case of Wagner, Nietzsche contra Wagner

015

증오로는 아무것도 얻지 못한다

증오는 불처럼 타오른다. 하지만 증오라는 불은 따뜻한 것이 아니라 나를 태워버릴 만큼 무자비한 것이다. 겉으로는 상대를 향하는 것 같아도 결국 더 많이 다치는 것은 나 자신이다. 증오로는 아무것도 얻을 수 없다. 순간의 분노는 내 감정을 풀어주는 것 같지만, 시간이 지나면 공허함만 남는다. 증오로 관계가 회복된 적은 없고, 증오로 만들어진 성취가 오래간 적도 없다. 오히려 증오는 삶의 에너지를 갉아먹고, 더 좋은 길을 보지 못하게 눈을 가린다. 증오의 땅에서는 나무조차 자라지 않고 그 어떤 집을 지을 수도 없다. 증오로는 아무것도 얻지 못한다. 남을 향한 불이 결국 내 삶을 태워 없애기 때문이다.

― 바그너의 경우, 니체 대 바그너
The Case of Wagner, Nietzsche contra Wagner

016

사람은 자기가 믿는 대로 살아간다

나는 안 된다고 믿는 사람은 조금씩 움츠러든다. 나는 할 수 있다고 믿는 사람은 끝내 길을 찾는다. 사람은 결국 자기 마음이 그리는 모습으로 변해간다. 믿음은 단순한 생각이 아니라 삶을 움직이는 힘이다. 믿음은 태도를 바꾸고, 태도는 행동을 바꾸고, 행동은 결국 사람을 바꾼다. 사람은 자기가 믿는 대로 살아간다.

— 바그너의 경우, 니체 대 바그너
The Case of Wagner, Nietzsche contra Wagner

017
실망이 반복되면 사람도 관계도 무너진다

실망은 누구나 겪는다. 한두 번의 실망은 금세 잊히거나 견딜 수 있다. 실망이 반복될 때는 이야기가 달라진다. 내가 나 자신에게 실망을 계속 느끼면 자기 부정으로 이어진다. 나는 왜 늘 이런 결과만 얻을까, '나는 안 되는 사람인가 보다' 하는 자책만 할 뿐이다. 관계도 다르지 않다. 믿었던 사람에게 반복해 실망을 느끼면 아무리 소중한 사이여도 균열이 생긴다. 결국 더 이상 마음을 나눌 수 없는 사이가 되어버린다. 실망이 무서운 이유는 눈에 보이지 않게 쌓이고 어느 순간 내 안과 관계를 동시에 무너뜨리기 때문이다. 실망이 반복되면 사람도 관계도 무너진다.

— 바그너의 경우, 니체 대 바그너
The Case of Wagner, Nietzsche contra Wagner

018

휴식을 핑계 삼아 도망치면
훗날 더 큰 값을 치러야 한다

인생은 원래 힘들고 지친다. 그럴 때 분명 필요한 건 휴식이다. 문제는 그 휴식이 진짜 회복이 아니라 책임에서 도망치기 위한 핑계가 될 때다.

해야 할 일을 뒤로 미루며 잠깐 쉬자고 말하지만 사실은 도망치고 있는 경우가 많다. 이렇게 도망친 휴식은 오히려 인생을 더 괴롭게 만든다. 미뤄둔 일은 여전하고 내가 도망간 사이에 책임은 더 커져 있기 때문이다. 결과적으로 편해지려고 피했던 순간이 나중에는 더 큰 짐이 되어 돌아오는 것이다. 도망치는 휴식은 나를 살리는 게 아니라 더 깊이 옭아매는 덫이 된다. 휴식을 핑계 삼아 도망치지 말라. 편해 보이는 선택이 결국 가장 무거운 짐으로 돌아온다. 진짜 휴식은 해야 할 것을 다 한 뒤에 가볍게 쉬는 것이다.

— 바그너의 경우, 니체 대 바그너
The Case of Wagner, Nietzsche contra Wagner

019
말투를 보면 그 사람의 인생이 보인다

말이 거친 사람은 마음속에 화가 많은 사람이다. 부정적인 말을 달고 사는 사람은 불안이 많은 사람이다. 허세가 가득한 사람은 인생이 별 볼일 없기 때문이다. 남을 욕하는 사람은 자존감이 낮은 사람이다. 자신이 덜 초라해 보이기 위해 남을 끌어내리는 것이다.

반대로 남에게 칭찬과 박수를 보내는 사람은 자기 삶이 행복한 사람이다 부드럽고 긍정적인 말을 하는 사람은 마음에 여유가 있는 사람이다. 삶이 단단한 사람은 남을 인정하는 것도 쉽다. 말은 숨길 수 없는 민낯이다. 그 사람이 살아온 궤적이 그대로 묻어난다. 사람의 언어에는 그 사람의 인생이 배어있다.

당신은 평소에 어떤 말을 입에 담고 있는가. 지금 한 번 되돌아보라.

— 바그너의 경우, 니체 대 바그너
The Case of Wagner, Nietzsche contra Wagner

020

밝은 모습 뒤에 감춰진 슬픔이 있을 수 있다

밝게 웃는 사람을 보면 걱정이 없어 보인다고 생각한다. 그 웃음 뒤에 보이지 않는 슬픔이 숨어 있을 수 있다. 사람은 누구나 자신의 아픔을 드러내기보다는 감추는 쪽을 더 쉽게 선택한다. 가장 크게 웃는 사람이 오히려 가장 깊은 외로움을 안고 있을 때가 많다. 다른 사람을 즐겁게 하고 자리를 밝히면서 자기 속마음은 철저히 숨기는 것이다. 겉모습만 보고 괜찮을 거라 착각하지만 사실은 그 누구보다 도움이 필요한 순간일 수 있다. 슬픔을 드러내면 약해 보일까 두렵고 다시 또 상처받을까봐 겁나는 상태로 마냥 행복한 척 웃는 사람들이 있다.

— 바그너의 경우, 니체 대 바그너
The Case of Wagner, Nietzsche contra Wagner

021

나를 죽이지 않는 고통은 나를 강하게 한다

실패, 배신, 아픔, 상실 같은 것들은 나를 산산이 부수는 것처럼 느껴진다. 그 고통 앞에서 흔히 이렇게 생각한다. 이제 모든 것이 끝났다고. 하지만 시간이 지나고 돌아보면 그 고통이 나를 완전히 무너뜨리지 않았다는 걸 알게 된다. 살아남은 나는 이전과는 반드시 달라져 있다. 더 단단하다. 더 깊다. 더 쉽게 흔들리지 않는다.

고통은 분명 그 자체로는 괴롭지만 동시에 단련의 장이다. 근육이 무거운 무게를 버텨야 강해지듯이 마음도 시련을 버텨야 강해진다. 그 순간에는 오직 버티는 것만으로도 벅차지만 그 버팀 속에서 보이지 않는 힘이 자라고 있다. 그 고통을 통과한 나는 이전의 내가 아니다. 더 강해진 나다. 나를 죽이지 않는 고통은 나를 강하게 만들 뿐이다.

— 바그너의 경우, 니체 대 바그너
The Case of Wagner, Nietzsche contra Wagner

022

운명을 사랑하는 태도가 결국 삶을 바꾼다

삶에서 마주하는 수많은 일들, 계획대로 풀리지 않는 일, 피하고 싶었던 사건, 억울한 상황, 많은 사람은 이런 순간을 불행이라고 부른다. 가능하다면 지우고 싶어 한다. 삶의 모든 변수를 없앨 수는 없다. 결국 중요한 건 나에게 일어날 일을 받아들이는 나의 태도다. 운명을 사랑한다는 건 일어난 일을 무조건 좋아하는 게 아니다. 거부하거나 미워하기보다 그 안에서 의미를 찾고 나를 단단하게 만드는 계기로 삼겠다는 태도다. 아무리 고통스러운 경험도 시간이 흐르면 전환점이 되어 있기 때문이다. 삶은 내 뜻대로만 흘러가지 않는다. 그러나 뜻대로 되지 않는 순간까지 껴안고 살아갈 수 있다면 인생은 달라질 것이다. 운명을 사랑해야 인생이 바뀐다.

— 바그너의 경우, 니체 대 바그너
The Case of Wagner, Nietzsche contra Wagner

023

삶은 문제투성이지만 그럼에도 살아볼 만하다

살아있는 것과 죽은 것의 차이는 무엇인가. 물리적으로 숨을 쉬고 그렇지 않고를 떠나서 살아있는 삶이란 무엇인가? 애석하게도 삶의 불완전함 속에서 무수히 많은 문제와 마주치는 것이 살아있다는 증거다. 내가 살아있기에 괴로움도 느낀다. 내가 살아있기에 하루하루가 시험처럼 다가온다. 내가 살아있기에 몸과 마음이 아프기도 한 것이다. 삶을 사랑하는 건 모든 문제가 사라지는 것을 추구하는 게 아니다. 삶에서 발생하는 불특정한 문제들과 함께 살아가겠다는 의지다. 삶은 문제투성이지만 그럼에도 살아볼 만한 것은 그 문제들조차 결국 내가 살아 있다는 증거이기 때문이다. 삶은 고통이지만 동시에 선물이다.

— 바그너의 경우, 니체 대 바그너
The Case of Wagner, Nietzsche contra Wagner

024

우울할 땐 무조건 산책을 하라

마음이 무너질 때 머리로는 빠져나올 수 없다. 가만히 누워 있을수록 생각은 더 깊어지고, 몸은 더 무거워지고, 하루는 더 어두워진다. 그럴 땐 일단 문을 나서야 한다. 목적지도 필요 없다. 그 어떤 위로나 조언보다 먼저 필요한 건 당신의 두 다리다.

걷는 순간 심장은 박자를 되찾고, 머리 안에서만 맴돌던 생각은 몸을 따라 조금씩 흘러나온다. 햇빛이 얼굴에 닿고, 바람이 목덜미를 스치면, 살아있다는 감각이 되살아난다. 세상이 줄 수 없는 위로는 당신이 직접 걷는 발바닥에서 시작된다. 누구도 대신 걸어줄 수 없고 누구의 말도 당신을 구원할 수 없다. 그러나 당신은 자기 자신을 살릴 힘을 몸 안에 쥐고 있다. 하루 30분, 그 짧은 걷기가 무너진 마음을 다시 살려낼 단 하나의 약이다. 마음을 일으키는 힘은 언제나 자기 자신에게 있다.

— 바그너의 경우, 니체 대 바그너
The Case of Wagner, Nietzsche contra Wagner

도전과 자기 초월

025

기대가 크면 실망도 크다

기대는 본능이다. 새로운 사람을 만나거나 오래 꿈꾸던 일을 시작하고 특별한 자리를 찾을 때 분명 어떤 기대를 하게 된다. 기대는 설렘을 만들고 앞으로 나아가게 하는 원동력이 되어주지만 그 기대가 너무 커질 땐 실망도 같이 커진다. 기대가 커지면 평범한 수준의 경험은 실망처럼 느껴진다. 작은 결점은 크게 보일 것이다. 관계든 삶이든 기대는 필요하다. 하지만 그것이 지나쳐 현실을 압도하면 결국 내 마음만 상처받는다. 기대와 현실 사이의 간격을 인정해야 한다. 기대가 지나치면 현실은 늘 부족해 보일 것이다.

― 바그너의 경우, 니체 대 바그너
The Case of Wagner, Nietzsche contra Wagner

026

누군가를 지나치게 좋게 보면 본모습을 보지 못한다

사람을 짧은 순간, 작은 행동 하나만으로 판단해 버릴 때가 있다. 친절한 말 한마디, 미소 한 번, 사소한 도움으로 좋은 사람이라고 단정한다. 그건 그 사람의 한 단면일 뿐 전체가 아니다. 너무 쉽게 좋은 사람이라는 꼬리표를 붙이는 순간 본모습을 제대로 보지 못한다. 사람을 판단힐 때 필요한 긴 직은 부분이 아니라 긴 시간이다. 전체를 봐야 하고 순간이 아니라 쌓인 세월을 봐야 한다. 그래야 비로소 그 사람의 본모습을 조금이나마 알 수 있다. 성급한 결론은 결국 나를 속이고 진짜 모습을 보지 못하게 만든다. 사람은 단면이 아니라 전체로 봐야 한다.

— 바그너의 경우, 니체 대 바그너
The Case of Wagner, Nietzsche contra Wagner

027

가장 사랑하는 것에
등을 돌릴 용기가 필요하다

가장 아끼는 것, 가장 사랑하는 것에 기대어 살아간다. 그것이 관계일 수도 가치관일 수도 오래 품어온 꿈일 수도 있다. 때로는 그 소중한 것이 나를 가로막기도 한다. 사람을 진짜로 강하게 만드는 건 사랑하는 것을 내려놓아야 할 때 내려놓을 수 있는 용기다. 관계가 독이 되었을 때, 신념이 현실을 왜곡할 때, 집착이 나를 갉아먹을 때 등을 돌릴 줄 알아야 한다. 사랑하는 것에 등을 돌린다는 건 배신이 아니다. 익숙한 기쁨을 버려야 더 큰 기쁨을 만날 수 있고 안전해 보이는 틀을 깨야 더 단단한 자유를 얻을 수 있다는 사실을 받아들이는 것이다. 가장 사랑하는 것에 등을 돌릴 용기가 필요하다.

— 바그너의 경우, 니체 대 바그너
The Case of Wagner, Nietzsche contra Wagner

028

내가 이겨야 하는 상대는 나 자신이다

대부분의 싸움은 바깥의 적과 싸우는 것을 뜻한다. 경쟁자와 싸우고 환경과 맞서고 문제를 해결하려 애쓴다. 가장 다루기 힘든 적은 바깥의 적이 아니다. 바로 자기 자신이다. 욕심, 두려움, 분노, 나태 같은 것이 끊임없이 내 발목을 잡는다.

이 싸움에서 이기지 못하면 아무리 외부에서 승리해도 허무하다. 원하는 걸 얻어도 만족하지 못할 것이다. 남을 이겨도 스스로에게는 지고 말았기 때문이다. 스스로를 이긴다는 건 해야 할 것을 미루고 싶은 마음을 이겨내는 것이다. 순간의 분노에 휘둘리지 않는 것이다. 두려움에 갇히지 않고 앞으로 나아가는 것이다. 자기 자신을 이기는 자만이 주인이 된다. 가장 자유로워지는 것은 내가 나를 이길 때다.

— 바그너의 경우, 니체 대 바그너
The Case of Wagner, Nietzsche contra Wagner

029

믿음과 지식을 헷갈리는 순간
삶은 방향을 잃는다

믿음과 지식은 같은 그릇에 담길 수 없을 때가 많다. 믿음은 마음을 붙잡아주는 힘이고 지식은 세상을 이해하는 도구다. 두 가지를 정확하게 구분하지 못하면 혼란이 시작된다. 의학은 지식의 영역이다. 증거와 실험을 바탕으로 치료법을 만든다. 어떤 이는 믿음을 근거로 치료를 거부하지만, 과학적 지식보다 신념을 앞세우면 병을 고칠 수 없다. 반대로 지식이 믿음을 대신해서도 안 된다. 사랑, 용서, 희망은 수치로 설명할 수 없다. 믿음이 있어야 할 자리에 지식을 들이밀면 공허해지고 지식이 필요한 곳에 믿음을 세우면 위험해진다. 지혜롭게 살아가기 위해 해야 할 일은 단순하다. 믿음과 지식을 섞지 않는 것이다. 믿음으로 설명해야 할 것을 지식으로 해석하지 마라. 지식으로 증명해야 할 것을 믿음으로 덮어버리지 마라. 둘은 엄연히 다르다.

— 반시대적 고찰
Untimely Meditations

030

진짜 실력은 어려운 문제를
피하지 않을 때 드러난다

누구나 쉬운 길을 원한다. 어려운 문제는 피하고 싶고 복잡한 상황은 외면하고 싶다.

실력이 드러나는 순간은 언제나 반대다. 가장 힘들고 답답한 문제를 만났을 때 어떻게 대처하는지가 그 사람의 수준을 결정한다. 외면하는 건 누구나 할 수 있다. 그러나 문제를 직시하고 해결하는 것은 다른 차원의 문제다. 실패했을 때 도망가는 것 역시 쉽다. 하지만 실패의 원인을 끝까지 들여다보면서 성장하는 것은 다른 차원의 문제다. 진짜 실력은 편안한 길에서 생기지 않는다. 누구나 할 수 있는 선택을 반복하는 사람은 눈에 띄지 않는다. 두렵고 어려운 문제 앞에서 물러서지 않는 사람은 반드시 진가가 드러난다. 무게가 무거울수록 근육이 강해지는 것처럼 인생도 똑같다. 힘든 길을 걸어야만 단단해진다.

― 반시대적 고찰
Untimely Meditations

031

평판에 목매지 마라

인정은 달콤하다. 좋은 평판은 자신감을 키워주지만 지나치게 집착하면 삶의 방향이 달라진다. 내가 원하는 길이 아니라 남들이 인정해 줄 만한 길을 따라가게 된다. 사람들의 인정은 쉽게 바뀐다는 것을 알면서도 타인의 눈에 들기 위해 자신의 모든 말과 행동을 고친다. 자기 자신은 없고 오로지 타인의 인정만을 위해 사는 것이다. 자신만의 길을 걷는 사람은 다르다. 평판에 목매지 않고 자신이 해야 할 것을 자신만이 방식으로 나아간다. 무엇이 옳은지 이미 알고 있기 때문이다. 타인의 인정은 내 인생을 대신 살아주지 못한다. 평판에 목매지 마라.

— 반시대적 고찰
Untimely Meditations

032
쉽게 얻은 명성은 쉽게 무너진다

명성은 많은 사람이 바라는 것이지만 쉽게 얻은 명성은 오래가지 않는다. 쉽게 얻었다는 것은 노력 없이 얻었다는 것이다. 시행착오를 겪은 시간이 없으니 앞으로 생기는 문제를 해결할 능력이 없을 것이다. 너무 빨리 올라갔다는 것은 준비가 되어 있지 않다는 뜻이기에 작은 충격에도 흔들릴 것이다. 빈면 친친히 쌓아 올린 명성은 다르다. 실패를 겪어 냈기에 실패를 이겨낼 힘이 있다. 천천히 쌓아 올렸기에 작은 충격에도 흔들리지 않는다. 무엇이든 너무 빨리 손에 들어오면 오래 붙잡기가 어렵다. 감당할 준비가 없는 성취는 오히려 삶을 무너뜨린다. 쉽게 얻은 명성은 쉽게 무너지는 것처럼 인생에 있어서 너무 빨리 다가오는 것들은 늘 위험하다.

— 반시대적 고찰
Untimely Meditations

033

말의 품격이 사라지면 삶의 품격도 사라진다

사람을 평가하는 방법은 여러 가지가 있지만 그중에 말도 포함된다. 말 한마디가 신뢰를 세우기도 하고 무너뜨리기도 한다. 말투가 분위기를 바꾸기도 하고 인간관계의 지속 여부를 결정하기도 한다. 같은 사실을 말해도 어떤 단어를 쓰느냐에 따라 사람이 달라 보인다. 말의 품격은 삶의 품격과 연결된다. 거친 말은 상대만 다치게 하지 않는다. 말을 한 사람의 얼굴도 함께 거칠어진다. 습관적으로 뱉는 투박한 말은 듣는 사람을 불편하게 만들고 말하는 이의 품격을 깎아내린다. 말의 품격을 지키는 일이 곧 나의 품격을 지키는 일이다.

— 반시대적 고찰
Untimely Meditations

034

내가 쓰는 말이 나를 만든다

인간이 하루 중 가장 많이 내뱉는 것은 말이다. 순간의 기분에 따라 말이 달라지고 습관처럼 반복되는 말투가 생긴다. 그 말이 쌓여서 나를 만든다. 긍정적인 말을 쓰는 사람은 상황을 긍정적으로 바라보게 만든다. 가능하다고 말하는 사람은 가능성을 찾고 부정적인 말을 입에 달고 사는 사람은 생각까지 부정적으로 굳어진다. 할 수 없다고 말하는 순간 할 수 없는 이유를 찾게 된다. 말은 자기 암시다. 반복된 말은 무의식에 스며든다. 스스로 한 말을 믿게 되고 그 믿음은 태도가 된다. 말 한마디가 방향을 바꾸고 그 방향이 쌓여 나라는 사람을 만든다. 내가 쓰는 말은 단순한 소리가 아니다. 그 말이 나의 성격을 만들고 습관을 만들고 인생을 만든다. 내가 어떤 말을 쓰는지가 곧 내가 어떤 사람인가를 결정한다.

— 반시대적 고찰
Untimely Meditations

035

말이 가난해지면 삶도 가난해진다

자신이 아는 단어만큼 세상이 보인다. 표현이 단순하면 세상도 단순하게 보이고 말이 빈약하면 생각도 빈약하다. 단어가 적은 사람은 감정을 표현하기 어렵다. 기쁨도, 슬픔도 몇 개의 말로만 설명한다. 결국 그 감정은 얕아지고 사람들과 나눌 수 있는 대화의 폭도 줄어든다. 말이 가난하면 마음도 고립된다.

어휘가 풍부한 사람은 세상을 다르게 본다. 같은 풍경을 봐도 더 다양한 표현으로 표현할 수 있다. 같은 마음을 느껴도 더 세밀하게 표현한다. 말이 풍성하면 생각도 풍성해진다. 사람은 쓰는 말만큼 성장한다. 삶의 깊이는 언어의 넓이와 맞닿아 있기 때문이다. 말이 가난하면 삶도 가난해진다.

— 반시대적 고찰
Untimely Meditations

036
생각을 게을리하면 삶이 게을러진다

생각은 습관이다. 깊은 생각을 꾸준히 하는 사람은 더 깊어지고 게으르게 생각하는 사람은 점점 더 얕아진다. 어떤 습관을 들이느냐에 따라 삶의 질이 결정된다. 생각은 힘이기 때문이다. 깊은 생각을 한 사람은 넘어져도 다시 일어난다. 얕은 생각에 머문 사람은 작은 문제도 해결하지 못하고 괴로워한다. 환경이 바뀌어도 쉽게 흔들리지 않는 것. 다른 사람들의 말에 휘둘리지 않는 것. 같은 상황을 만나도 더 많은 길을 찾는 것. 문제가 생겨도 정면으로 마주할 수 있는 것. 이 모든 것은 생각의 힘에서 나온다. 생각이 깊은 사람이 삶도 깊다. 생각을 게을리하지 마라. 생각을 게을리하면 삶도 게을러진다.

— 반시대적 고찰
Untimely Meditations

037
자극 없는 환경은 인간을 무기력하게 만든다

환경에 따라 변하는 것이 사람이다. 같은 사람이더라도 어떤 환경에 있느냐에 따라 전혀 다른 사람이 된다. 반복되는 일상은 안전해 보인다. 새로운 것이 없는 하루는 편안해 보인다. 하지만 자극이 없는 환경은 사람을 무기력하게 만든다. 변화 없는 환경에 오래 있으면 활력이 사라진다. 생각은 굳어지고 몸은 게을러진다. 성장은 자극에서 온다. 마음은 낯선 경험을 할 때 강해진다. 자극이 없는 환경에서는 몸도 마음도 자라지 않는다. 무기력은 그렇게 쌓인다. 새로운 자극이 없는 삶은 살아 있는 것 같아도 멈춰 있는 삶이다.

— 반시대적 고찰
Untimely Meditations

038

대충하는 태도는 결국 삶 전체를 무너뜨린다

작은 일이라고 가볍게 생각하고 있는가? 태도는 사소해 보이지만 태도 하나가 인생을 결정한다. 무엇이든 대충하는 습관은 결국 삶 전체를 무너뜨린다. 대충하는 것은 처음에는 아무런 문제가 없어 보인다. 그러나 반복되면 균열이 생긴다. 약속을 대충 지키는 사람은 믿음을 잃고 일을 대충하는 사람은 기회를 잃는다. 정성은 눈에 잘 보이지 않지만 삶을 지탱하는 힘이다. 작은 일도 성실하게 하는 사람이 결국 큰일을 가능하게 한다. 단단하게 살아가고 싶다면 태도부터 바로잡아야 한다. 대충해도 괜찮다고 생각하겠지만 그때마다 삶의 기반은 조금씩 허물어진다. 사소해 보여도 끝은 치명적인 것이 대충하는 태도다.

— 반시대적 고찰
Untimely Meditations

039
무언가를 진정으로 배웠다면
삶이 달라져야 한다

무언가를 배운다는 것은 삶을 바꾸기 위해 하는 것이다. 무언가를 배우고도 어제와 똑같이 산다면 아직 배웠다고 할 수 없다. 배웠다면 생각이 달라진다. 습관이 달라진다. 몸이 달라지고 마음이 달라진다. 배움은 단순히 지식을 쌓는 것이 아니라 삶을 더 단단하고 풍요롭게 만드는 행위다. 지독한 고통을 겪고 나서 세상을 보는 눈이 바뀌었다면 무언가를 배운 것이다. 지독한 관계를 끊어내고 나서 사람 대하는 태도가 달라졌다면 무언가를 배운 것이다. 배움이 생활을 바꾸지 못하면 아무 의미가 없다.

— 반시대적 고찰
Untimely Meditations

040

행복은 과거보다 지금에 집중할 때 온다

행복은 멀리 있지 않다. 이미 지나간 과거에 있지도 않다. 지금 이 순간에 집중할 때 느낄 수 있는 감정이다. 과거는 이미 끝났다. 아무리 되새겨도 바뀌지 않는다. 즐거웠던 기억도 슬펐던 기억도 모두 다 지나간 일이다. 과거에 오래 머물수록 행복하지 못한다. 지금에 집중하는 사람은 짧은 순간에서도 기쁨을 찾는다. 행복은 쌓아두는 것이 아니라 발견하는 것이다. 과거에 머무는 습관은 행복을 밀어내고 현재를 집중해서 사는 습관은 행복을 불러온다. 삶은 언제나 지금만 의미 있다. 행복은 과거보다 지금에 집중할 때 온다.

— 반시대적 고찰
Untimely Meditations

041
너무 많은 것을 기억하면 내가 지친다

기억은 삶에 꼭 필요하다. 기억이 있기에 무언가를 배우고 기억이 있기에 실수를 반복하지 않는다. 그러나 지나치게 많은 것을 기억하는 건 스스로 삶을 무겁게 만드는 행동이다. 마음속에 오래 쌓인 기억은 일종의 짐이다. 오래된 후회, 지나간 상처, 사라진 즐거움 같은 것을 붙잡고 있으면 정신이 지쳐간다. 필요 없는 기억까지 짊어지고 있으면 정신이 지칠 수밖에 없다. 보내줘야 하는 기억은 보내줘야 한다. 때로는 망각할 줄 아는 것이 자기 자신을 지키는 길이다.

— 반시대적 고찰
Untimely Meditations

042

남의 실패만 바라보면
내 삶은 앞으로 나아가지 못한다

타인의 실패를 관찰하는 일은 내 삶에도 도움이 된다. 잘못된 길을 반복하지 않게 돕기 때문이다. 그러나 타인의 실패만을 바라보는 습관은 좋지 못하다. 시야가 좁아지기 때문이다. 무엇을 할 수 있을지보다 무엇을 하면 안 되는지에만 집중하다 보면 가능성보다는 위험이 더 크게 보인다. 용기는 사라지고 두려움은 습관이 된다. 나도 모르는 사이 실패를 피하기 위해 소극적인 사람으로 바뀌어있게 된다. 타인의 실패에서 교훈을 얻는 건 한 번이면 충분하다. 실패를 경고로 삼을 수는 있지만 기준이 되어서는 안 된다. 인생은 실패를 겪으면서 앞으로 나아가는 것이고 실패를 통해서 성장하는 것이다.

— 반시대적 고찰
Untimely Meditations

043

인생은 속도가 아니라 방향이다
빨리 가는 것보다 끝까지 가는 것이 더 중요하다

하루가 걸리든, 한 달이 걸리든, 일 년이 걸리든 끝까지 해내면 그만이다. 먼저 도착한 이들이 박수를 받을 때, 당신은 아직 어둠 속에 있을 수 있다. 그러나 불안해하지 마라. 인생에서 중요한 건 남보다 빨리 도착하는 게 아니라 포기하지 않고 끝까지 가는 것이다. 인생은 속도가 아니라 방향이다. 당신이 멈추지 않고 꾸준히 가고 있다면 이미 절반은 이긴 셈이다. 느려도 괜찮다. 헤매도 좋다. 중간에 쉬어가도 상관없다. 단 하나, 포기만 하지 않으면 된다. 하루 만에 이룬 꿈도, 십 년 만에 이룬 꿈도 이루어낸 순간엔 모두 똑같이 빛난다. 한 달이 걸리든, 일 년이 걸리든, 당신이 끝까지 가고 있다면 그게 진짜 성공이다. 포기하지 않으면 반드시 이루어진다.

　당신은 끝내 반드시 해낼 사람이다.

— 반시대적 고찰
Untimely Meditations

2장

행복과 불행의 기준

044

단호한 태도보다 중요한 것은 내면의 무게다

사람은 누구나 강해 보이고 싶어 한다. 그래서 목소리를 높이고 표정을 굳히고 자신감 넘치는 말투를 흉내 낸다. 겉으로만 보면 흔들림 없는 사람 같지만 실제로는 속이 얼마나 단단한지는 알 수 없다.

시간이 지나면 껍질과 속살의 차이가 드러난다. 속이 빈 사람은 큰소리칠수록 더 빨리 들통난다. 대화가 조금만 깊어져도 대답이 막히고 어려운 상황을 마주하면 허둥거리기 때문이다. 겉모습으로 한순간을 속일 수 있다. 하지만 오래 속일 수는 없다. 결국 신뢰를 잃을 것이고 남는 건 비웃음뿐이다. 진짜 힘을 가진 사람은 목소리를 높일 필요가 없다. 속이 채워져 있으니 말이 짧아도 설득력이 있다. 태도가 차분해도 무게가 느껴진다. 겉으로 아무리 당당해도 속이 비어 있으면 결국 조롱당한다.

— 반시대적 고찰
Untimely Meditations

045

답은 생각을 멈추게 하고
질문은 생각을 살게 한다

인간은 빠르게 답을 얻고 싶어 한다. 자신이 겪는 모든 문제에 대한 빠른 해결책을 원한다. 인생이란 원래 인간의 욕망과는 정반대로 흐르며, 결론은 생각보다 무의미하다. 결론은 안락하지만 질문은 불편하다. 결론에 도달하는 순간 생각은 멈추고 의심은 닫히지만 질문은 우리를 흔들고 이미 믿이온 것을 다시 의심하게 만든다. 그렇기에 많은 사람이 질문하기보다는 답을 구한다. 답은 안심을 주지만 질문은 불안을 낳기 때문이다.

그러나 불안은 사유의 적이 아니라 스승이다. 생각이 없으면 인간은 결코 깊어질 수 없다. 불편한 질문 속에서 사고는 살아 움직이고 내일의 길을 만든다. 결론만 좇는 삶은 그 자리에 머물지만 질문을 견디는 사람은 끝내 다른 지점으로 옮겨간다. 인간을 바꾸는 것은 정답이 아니라 끝없는 질문이다.

— 반시대적 고찰
Untimely Meditations

046

바쁨의 이유를 잃으면 삶은 공허해진다

아침부터 밤까지 일을 하고, 하루를 쪼개어 할 일을 채운다. 그러나 그 바쁨 속에서 한 가지를 묻지 않는다면 아무리 많은 일을 해도 삶은 공허해진다. 그 질문은 단순하다. "나는 왜 이 일을 하는가?"

흔히 해야 할 일을 끝냈다는 사실로 위안을 얻는다. 그러나 이유 없는 분주함은 결국 공허로 돌아온다. 목적을 묻지 않는 바쁨은 단순히 시간을 소모하는 노동일 뿐이다. 아무리 열심히 달려도 그 길이 어디로 향하는지 묻지 않으면 제자리에서 맴도는 것과 다르지 않다. 삶이 공허해지는 이유는 시간이 부족해서가 아니다. 근본적인 질문을 피하기 때문이다. 진짜 충만은 오히려 잠시 멈추고 그 이유를 찾을 때 찾아온다. 바쁘게 사는 것보다 중요한 건 무엇 때문에 사는가를 묻는 일이다.

— 반시대적 고찰
Untimely Meditations

047

지켜야 한다는 감정이 강할수록
인간은 가능성을 닫아버린다

무언가를 오래 지켜왔다는 사실은 안도감을 주기에 충분하다. 인간은 본래 가진 것을 지키려는 성향이 강하다. 습관을 유지하고, 익숙한 방식을 고수하며, 이미 손에 쥔 것을 놓치지 않으려 한다. 심지어 자신이 세운 가치관마저 바꾸지 못한다. 이런 태도는 새로운 가능성을 막는다. 익숙한 것은 편안하다. 하지만 가진 것을 지켜야 한다는 감정이 지나치면 더 나은 것을 향한 선택조차 위험으로 보인다. 가치관도 마찬가지다. 한때는 나를 지탱해 주던 신념이 시간이 지나면 족쇄로 바뀌어 다른 관점을 받아들이는 문을 닫아 버린다.

  삶이 멈추는 이유는 능력이 부족해서가 아니다. 지키려는 감정이 지나치게 강해서다. 인간은 지켜야 할 것과 버려야 할 것을 구분하지 못할 때, 가장 크게 자신을 묶어버린다.

— 아침놀
The Dawn of Day

048
매일 하는 말이 곧 내 인생을 만든다

짜증 나, 힘들다, 미치겠어, 하기 싫다, 귀찮다 이 모든 말은 삶을 좀 먹는다. 욕을 달고 살면 욕할 일들이 몰려온다. 힘들다는 말을 달고 살면 정말로 힘든 일들만 생긴다. 말은 단순한 푸념이 아니다. 스스로 인생에 던지는 저주다. 말은 사라지지 않고 현실이 되기 때문이다. 부정적인 말은 삶 전체를 어둠으로 몰아넣는다. 반대로 긍정적인 말은 삶을 조금씩 빛으로 이끈다. 욕설이 입에 밴 사람은 자신도 모르게 세상과 적대하고 불평이 습관이 된 사람은 행복이 눈앞에 와도 알아보지 못한다. 말은 단순한 소리가 아니라 하루와 미래를 그리는 붓이다. 매일 내뱉는 말이 내 삶의 무늬를 만든다. 당신은 평소에 어떤 말을 입에 담고 있는가?

— 아침놀
The Dawn of Day

049
사람은 이성보다 기분을 더 믿는다

어떤 결정을 할 때 무엇이 가장 큰 영향력을 미치는지 아는가. 바로 기분이다. 합리적인 이유보다 기분에 따라 결정을 내리는 것이 인간이다. 머리로는 더 이성적인 선택이 무엇인지 알면서도 마음이 편해지는 쪽을 고른다. 더 많은 노력이 필요하면서 장기적으로 유리한 선택과, 손쉬우면서 당장 마음이 가벼운 선택 가운데 사람들은 후자를 고른다. 결과보다 그 순간의 기분이 더 큰 이유로 작용하기 때문이다.

기분을 이유로 삼는 습관은 위험하다. 기분은 쉽게 바뀌고 상황에 따라 흔들린다. 이성이 무거운 발걸음을 요구할 때조차 즐거움이라는 가벼운 바람을 따라가려 한다. 삶이 흔들리는 이유는 잘못된 계산이 아니라 순간의 기분이 판단을 대신하기 때문이다. 사람은 옳은 길보다 기분 좋은 길을 더 쉽게 고른다.

— 아침놀
The Dawn of Day

050
인간은 착한 일도 관객이 있어야 한다

혼자 있을 때보다 누군가가 지켜볼 때 더 쉽게 선을 행한다. 아무도 보지 않는다면 규칙을 어기고 약속을 무너뜨리기도 하는 것이 인간이다. 그러나 다른 사람의 눈길이 닿는 순간 행동은 달라진다. 타인의 시선은 양심보다 강한 힘을 가진다.

착한 일을 스스로 만족하기 위해서만 하기는 어렵다. 사람은 본능적으로 그것이 남에게 알려지고 기억되기를 원한다. 선행이 오래 남는 이유는 누군가가 그 장면을 보고 마음에 새겼기 때문이다. 반대로 아무도 모르는 선행은 금방 잊히고 힘을 잃는다. 착한 일은 혼자서는 오래 하지 못한다. 사람은 스스로의 양심보다 타인의 시선을 더 두려워하기 때문이다. 사람은 남이 자신을 바라 보고 있다고 느낄 때 쉽게 선해진다.

— 아침놀
The Dawn of Day

051

아무리 친구라도
죽을 때까지 숨겨야 하는 말이 있다

친한 친구에게도 죽을 때까지 숨겨야 하는 것이 있다. 바로 내 비밀과 사생활이다. 말은 한 사람의 입에서 나와 천 사람의 귀로 들어간다. 시간이 흐르면 인간관계는 변하며, 어떤 관계도 영원하지 않다. 내 깊은 비밀을 다 아는 사람과 관계가 틀어진다면 그것만큼 골치 아픈 일도 없다. 사람은 이기적이고 타인의 고통에는 둔감하다. 당신의 사생활이 흥미롭다면 그것은 걱정과 위로의 대상이 아니라 뒷담화와 흥밋거리가 된다. 특히 안 좋은 습관이나 가정사는 더욱 조심해야 한다. 타인의 판단과 비판에 쉽게 노출되기 때문이다. 인간관계에서 자신을 드러내는 일은 불필요한 고통을 부를 뿐이다. 스스로를 지키는 길은 입을 닫는 것이다. 사람을 만나면 벙어리가 되어라.

내 비밀은 누구에게도 말하지 마라.

— 아침놀
The Dawn of Day

052
정직함을 잃으면 인격 전체가 무너진다

거짓은 한 번에 끝나지 않는다. 작은 거짓은 또 다른 거짓을 불러오고 결국 삶 전체를 잠식한다. 정직을 잃는 순간 그 사람의 말뿐 아니라 태도와 행동까지 신뢰를 잃는다. 인간을 지탱하는 뼈대가 무너지는 것이다.

정직함이 없는 사람은 속에서 이미 부패가 시작된 것과 다름없다. 사람들은 본능적으로 그것을 느낀다. 정직을 잃은 눈빛과 말투에서는 어떤 선한 말도 힘을 갖지 못한다. 정직은 단순한 미덕이 아니라 인격 전체를 붙잡는 기둥이다. 그것이 무너지는 순간, 다른 덕목은 껍데기만 남고 결국 인간 전체가 무너진다. 거짓은 인격의 가장 깊은 곳부터 썩게 만든다.

— 아침놀
The Dawn of Day

053

잘못된 위안은 고통보다 더 큰 해를 남긴다

고통을 피하려고 위안을 찾을 때 눈앞에서 힘든 마음을 달래주는 말이나 행동은 당장 효과가 있는 것처럼 보인다. 그러나 대부분 이런 위안은 진짜 해결책이 되지 못한다. 순간적인 도취와 마취처럼 잠시 고통을 잊게 하지만 시간이 지나면 더 깊은 불안을 남긴다. 잘못된 위안은 고통 자체보다 더 해롭다. 원인을 고치지 않고 가려버리기 때문에 병은 보이지 않는 곳에서 더 크게 자란다. 결국 고통은 사라지지 않고 되돌아온다. 그때는 처음보다 더 무겁고 깊게 찾아온다. 위안을 얻었다는 착각 속에서 스스로를 속이고 나중에는 더 큰 절망을 마주하는 것이다.

고통을 두려워하기보다, 잘못된 위안을 경계해야 한다. 고통은 언젠가 지나가지만 잘못된 위안은 고통을 더욱 깊게 만든다. 더 깊은 상처를 남기는 것은 고통이 아니라 잘못된 위안이다.

— 아침놀
The Dawn of Day

054

사람은 멀리 있는 답을 찾다 눈앞의 가치를 놓친다

만약 인생에 해답이 있다면 어디에 있을 것 같은가? 아마 절대 닿을 수 없을 만큼 먼 곳에 있을 거라고 생각할 것이다. 어떤 특별한 순간, 위대한 발견, 대단한 비밀 속에 답이 있을 거라 믿는다. 그러나 정작 삶을 지탱해 주는 정답은 그런 곳에 있지 않다. 매일 스쳐 지나가는 작은 것들과 눈앞의 평범한 순간에 있다.

멀리 있는 해답을 좇다 보면 오히려 지금의 삶이 공허해진다. 가족과의 대화, 우유, 스스로 느끼는 작은 성취 같은 것을 무심히 흘려보내고 끝내는 찾지 못할 정답만 붙잡으려 하기 때문이다. 삶을 풍요롭게 하는 건 언제나 가까운 것들이다. 삶의 의미를 멀리에서만 찾으려는 순간 가장 소중한 것을 먼저 잃는다.

— 아침놀
The Dawn of Day

055

스스로를 미워하는 사람은
타인에게도 미움을 산다

자기 자신을 싫어하는 사람은 주변에도 불편함을 준다. 늘 자신을 비난하고 스스로를 하찮게 여기며 자신의 존재를 무가치하게 만들기 때문이다. 처음에는 동정심을 자극할지도 모른다. 그러나 오래가지 않는다. 곁에 있는 사람은 차츰 그와 똑같은 시선으로 그를 바라보게 된다. 결국 그는 자신이 느낀 혐오를 타인의 마음에까지 퍼뜨린다.

스스로를 존중하지 못하는 사람은 상대에게도 존중을 요구할 수 없다. 자기혐오는 겉으로는 겸손처럼 보이지만 실상은 타인에게 자신을 미워하라고 강요하는 것과 같다. 내가 나를 미워하면 다른 사람도 나를 미워하게 된다.

— 아침놀
The Dawn of Day

056

무리한 규칙과 계획은 스스로를 무너뜨린다

규칙은 사람을 바르게 세우기 위해 만들어진다. 하지만 그 규칙이 지나치게 엄격해서 누구도 지킬 수 없다면 더 이상 길잡이가 아니라 짐이 된다. 처음에는 충실히 따르려 하지만 반복되는 실패는 죄책감을 낳고 죄책감은 곧 증오로 바뀐다.

지킬 수 없는 규칙은 인간을 단련하지 않는다. 오히려 마음속에 원한을 키운다. 규칙이 높을수록 실패도 크고, 그 실패가 쌓일수록 사람은 규칙 자체를 증오하게 된다. 규칙을 없애버리고 싶다는 충동만 남을 뿐이다. 그 어떤 규칙이든 내가 지킬 수 있을 만큼만 세워야 한다. 무리한 규율은 스스로를 무너뜨린다.

— 아침놀
The Dawn of Day

057

억압은 탈출과 파괴를 부른다

사람은 오래 억눌린 채 살아갈 수 없다. 억압은 처음에는 복종을 만들지만 시간이 지나면 내부에서 압력이 쌓인다. 끝내 터져 나올 순간만을 기다린다.

아이에게 이유 없이 금지만 반복해 보라. 처음에는 겉으로 따르는 것 같지만 시간이 갈수록 더 큰 반발로 돌아온다. 억압은 길들이는 것이 아니라 저항을 준비시키는 것이다. 이때의 탈출은 조용히 흘러가지 않는다. 억눌린 시간이 길수록 반발은 더 거세지고 파괴적인 모습으로 드러난다. 억압은 결코 영원히 유지되지 않는다. 억압이 깊을수록 탈출의 힘은 커지고 마침내 모든 것을 파괴할 뿐이다. 막히면 새로운 길을 찾는 것이 인간이다. 자신을 막은 벽이 두꺼울수록 더 강한 힘을 줄 뿐이다.

— 아침놀
The Dawn of Day

058

시기 속에서는 우정이 자랄 수 없다

우정이 자라는 곳은 어디인가. 존중과 신뢰다. 마음속에 시기가 자리 잡는 순간 우정은 황폐해진다. 친구의 성취를 기뻐하기보다 비교하고 불평하기 시작하면 우정은 더 이상 우정이 아니다. 겉으로는 함께 웃지만 속으로는 불편함과 열등감이 자라난다. 시기는 가까움을 유지하는 힘이 아니라 서서히 관계를 무너뜨리는 독이다. 친구가 잘되기를 바라면서도 동시에 못되기를 바라는 마음은 결국 관계를 병들게 한다. 우정을 가장하는 사이일 뿐 진정한 우정이 될 수 없다.

우정은 서로의 빛을 함께 즐길 때 커진다. 시기가 끼어드는 순간 빛은 그림자로 바뀌고 관계는 서서히 꺼져간다. 친구의 성공을 축복할 수 없다면 우정이라 할 수 없다.

— 아침놀
The Dawn of Day

059

"예"와 "아니오"를 스스로 선택할 수 있을 때가 진정한 자유다

매일 선택의 순간을 마주한다. 무수히 많은 상황 앞에서 옳고 그름을 선택하지만 그 대답이 정말 나 자신의 뜻일 때는 얼마나 되는가. 실제로는 타인의 기대와 압력에서 비롯되는 경우가 많다. 거절하면 관계가 멀어질까 두려워 억지로 '예'를 하고, 마음이 내키지 않지만 선뜻 허락한다. 겉으로는 순응하지만 속으로는 불편함과 후회만 쌓인다. 이런 대답은 내가 나를 지켜주지 못하는 것이다.

자유는 결국 말 한마디에서 드러난다. 내가 원하지 않는 것에 당당히 '아니오'라고 말하고 진심으로 원하는 것에만 '예'라고 말할 수 있어야 한다. 이 힘을 갖지 못하면 삶은 늘 남이 정한 길로 흘러간다. 거절하지 못하는 삶에는 자유가 없다.

— 인간적인, 너무나 인간적인 1권
Human, All Too Human I

060
지나친 욕망은 벌이 되어 돌아온다

지금보다 더 나아지고 싶다는 마음을 갖고 있지 않은가. 지금보다 더 잘하고 싶고 더 큰 자리를 차지하고 싶다는 욕망이 마음 한구석에 있을 것이다. 이런 마음 자체는 나쁘지 않다. 성장의 원동력이 되기 때문이다. 하지만 욕망이 지나치면 이야기가 달라진다. 욕망이 지나치게 커지면 절대 작은 것에 만족하지 못한다. 나의 강점을 잃게 되고 주변과의 관계도 흔들린다. 더 많은 것을 얻겠다고 조급해지는 순간 남과 비교하게 되고 불필요한 경쟁 속에 스스로를 지치게 만들기 때문이다. 성장을 이끄는 힘은 적당한 욕망이다. 선을 넘는 순간 나의 욕망은 더 이상 나를 돕지 않는다. 오히려 나를 무너뜨리는 벌이 되어 돌아온다. 적당한 욕망은 힘이 되지만 넘치면 독이 된다.

— 인간적인, 너무나 인간적인 2권
Human, All Too Human II

061

인생의 진가도 좋은 책처럼
시간이 지나야 드러난다

좋은 책은 처음 읽을 때보다 시간이 흐른 뒤에 더 깊은 울림을 준다. 당장은 어렵게 느껴지고 이해되지 않던 문장이 세월이 지나 다시 읽으면 전혀 다른 의미로 다가온다. 좋은 책의 가치는 시간이 쌓일수록 드러난다. 인생도 마찬가지다. 지금 당장은 고생만 하는 것처럼 느껴지지만 시간이 흐른 뒤에야 그 의미가 드러나는 삶도 있다. 젊을 때 겪는 시행착오는 실패처럼 보인다. 그러나 시간이 지나 돌아보면 그 실패가 오히려 방향을 바꿔주고 더 단단한 사람이 될 수 있게 했다는 걸 깨닫는다. 문제는 우리가 너무 빨리 결과를 원한다는 점이다. 지금의 하루가 아무 의미 없어 보일지라도 그 시간이 쌓이면 결국 언젠가는 드러나게 되어 있다. 서두르지 말라. 좋은 책처럼 인생의 진가도 시간이 지나야 드러난다.

— 인간적인, 너무나 인간적인 2권
Human, All Too Human II

062

반복은 지루함이 아니라 성숙의 과정이다

우리는 늘 새로움을 바란다. 어제와 다른 하루, 전혀 다른 모습의 나를 꿈꾼다. 아무리 새로움을 꿈꾸더라도 삶은 일정한 패턴으로 흘러간다. 눈을 뜨고 음식을 먹고 일을 하고 밤이 되면 다시 눕는다. 이런 삶의 흐름은 누구도 피할 수 없다.

반복은 지루함처럼 느껴질 것이다. 같은 행동을 이어가는 동안 특별한 변화가 없는 듯 느껴지기 때문이다. 그러나 무언가가 다져지는 것은 반복 속에서만 가능하다. 글을 쓰는 사람은 매일 글을 쓰며 문장을 익히고 악기를 배우는 사람은 같은 곳을 수백 번 연주하며 손끝을 단련한다. 느리게 쌓인 반복이 결국 흔들리지 않는 힘을 만든다. 반복은 누구도 피해 갈 수 없다. 지루하게 느끼거나 피하려 애쓰지 말고 누구에게나 주어지는 가장 정직한 선물이라고 생각해야 한다.

— 인간적인, 너무나 인간적인 2권
Human, All Too Human II

063

진짜 위험은 큰 실수보다 작은 반복에 있다

보통 인간이 두려워하는 것은 큰 잘못이다. 물론 큰 사건도 위험하다. 그러나 진짜로 무서운 것은 작은 잘못이 계속 반복되는 상황이다. 어떤 사람의 눈에도 보일 만큼 크게 금이 간 것은 알아차리기 쉽지만 작은 실금은 알아차리기 어렵다. 작은 반복은 조용히 진행되기에 자신의 잘못을 인지하지 못한다. 무심코 한 거짓말, 잠깐의 게으름, 스스로의 약속을 어기는 것들은 대수롭지 않게 여긴다. 작은 일이 쌓이면 습관이 되고 습관은 결국 삶의 방향을 바꿔버린다. 큰 실수보다 작은 실수의 반복이 더 위험한 까닭이 바로 이것이다. 경고음 없이 조금씩 스며들어 어느 순간에는 되돌릴 수 없는 결과를 만들기 때문이다. 큰 실수는 고칠 기회가 있지만 작은 실수는 고칠 기회조차 없이 나를 파괴한다.

— 인간적인, 너무나 인간적인 2권
Human, All Too Human II

064

열린 태도가 없으면 아무것도 배우지 못하고 아무것도 바꾸지 못한다

새로운 생각이나 다른 의견을 접했을 때 보통 두 가지 길을 선택할 수 있다. 귀 기울여 받아들이는 것과 일단 거부하고 반대하는 것이다. 특히 젊을 때는 두 번째 길을 택한다. 아직 자기 생각이 확고하지 않기에 새로운 것이 들어오면 흔들릴까 두려운 것이다. 일단 반대부터 하는 것으로 자신의 태도를 지킨다.

반대는 처음에는 자기방어처럼 느껴질 것이다. 그러나 부정적으로 반대하는 일이 버릇처럼 몸에 밴 사람은 모든 것을 차단하는 과정에서 세상과의 연결도 끊어지게 된다. 마음이 열려야 배움이 시작된다. 불편하게 들리는 말 속에도 배울 점이 있고 낯선 생각 속에도 성장의 기회가 숨어 있다. 내가 마음을 열지 않으면 세상도 나에게 마음을 열지 않는다.

― 인간적인, 너무나 인간적인 2권
Human, All Too Human II

065

뻔해 보이는 말 속에 진짜 지혜가 숨어 있다

누군가가 평범하게 던진 한마디가 시간이 지나고 나자 마음속에서 크게 울릴 때가 있다. 처음에는 너무 뻔한 말이어서 무시했지만 실제로는 엄청난 지혜를 가진 말이었던 것이다. 진짜 지혜의 말은 처음에 가볍게 느껴진다. 이미 여러 번 들어본 말이라서 익숙하고 특별할 것도 없이 보인다. 어떤 말이 오래 살아남아서 반복적으로 전해지는 것은 그만한 이유가 있다. 누구의 삶에도 예외 없이 들어맞기 때문이다. 예를 들어 "꾸준함이 힘이다."라는 말은 너무 흔해 빠져 재미없게 들린다. 어떤 일을 오래 해보면 그 말의 무게를 알게 된다. 직접 겪으면 절대 뻔한 말이 되지 않는 것이다. 뻔해 보이는 말 속에 진짜 지혜가 숨어 있다. 무심코 지나친 말이 언젠가는 삶을 붙잡아주는 힘이 된다.

— 인간적인, 너무나 인간적인 2권
Human, All Too Human II

066

간절함이 없는 노력은 오래가지 않는다

노력은 누구나 한다. 하지만 끝까지 노력하는 사람은 드물다. 처음에는 의욕적으로 시작했지만 시간이 지나면 흐지부지 끝나고 만다. 차이를 만드는 것은 간절함이다.

간절함 없는 노력은 쉽게 지친다. 작은 어려움만 닥쳐도 마음이 흔들리고, 포기할 이유를 찾게 된다. 간절하지 않으니 끝까지 버틸 힘이 없는 것이다. 반대로 간절하면 상황은 다르다. 실패가 찾아와도 다시 일어나고 지쳐도 끝까지 버티려 한다. 간절함은 노력의 불을 지피는 연료다. 처음 불은 쉽게 피울 수 있지만 바람이 불고 시간이 흘러 불씨가 약해졌을 때 다시 살려내는 것은 간절함이 없으면 불가능하다. 성취는 재능보다 노력에서 나오고 노력은 간절함의 크기로 결정된다. 노력은 누구나 하지만 끝까지 노력하는 것은 간절한 사람만이 할 수 있다.

— 인간적인, 너무나 인간적인 2권
Human, All Too Human II

067

좋은 아포리즘은
세월이 흘러도 사라지지 않는다

좋은 아포리즘은 단순히 짧은 문장이 아니다. 마음을 꿰뚫는 힘을 가진 생각이자 세대를 넘어 이어지는 지혜다. 한 번 읽고 지나쳐도 시간이 흐른 뒤에 다시 떠오르고 삶의 문제 앞에서 해답이 되어준다. 좋은 아포리즘이 오래 살아남는 이유는 간단하다. 화려한 표현이나 일시적인 유행이 아니라 누구에게니 통하는 본질을 다루기 때문이다. 나이가 달라도, 환경이 달라도, 언어가 달라도 공감할 수 있다. 세상이 변해도 인간이 살아가면서 겪는 본질적인 문제는 바뀌지 않는다. 사람은 여전히 사랑을 원하고 관계에서 갈등을 겪으며 실패 속에서 좌절하고 다시 일어나기를 반복한다. 옛 지혜는 단순한 옛말이 아니다. 변하는 세상에서도 절대 변하지 않는 인간의 본질을 위한 지혜다. 삶이 아무리 변해도 마음의 문제는 늘 똑같다.

— 인간적인, 너무나 인간적인 2권
Human, All Too Human II

068

취향은 삶을 즐겁게 만드는 가장 단순한 힘이다

우리는 보통 행복을 거창한 데서 찾으려 한다. 큰 성공, 많은 돈, 특별한 사건이 있어야 삶이 즐거워질 거라 생각한다. 그런데 일상을 돌아보면 우리를 웃게 하는 건 사소한 취향들이다. 취향은 어렵게 갖추는 게 아니다. 누군가에게 보여주기 위해 거창하게 꾸밀 필요도 없다. 좋아하고 편안하게 느끼는 것을 자연스럽게 즐기면 된다. 산책을 좋아하는 사람, 낡은 책 냄새에 기분이 좋아지는 사람처럼 각자에게는 작은 취향이 있다. 취향이 중요한 이유는, 그것이 나만의 기쁨을 만들어주기 때문이다. 세상 기준에 맞추지 않아도 되는 영역, 오직 나를 위한 선택이 취향이다. 작은 취향 하나가 하루의 무게를 가볍게 바꾼다.

— 인간적인, 너무나 인간적인 2권
Human, All Too Human II

069
오늘의 시대는 자유가 큰 만큼 책임도 크다

과거와는 비교할 수 없을 만큼 자유로운 시대다. 원하는 것을 선택할 수 있고 다양한 직업을 고를 수 있으며 누구의 인생도 그대로 따라 살 필요가 없다.

그러나 자유는 늘 책임을 동반한다. 가능성이 많다는 건 실수할 기회도 많다는 뜻이다. 많은 사람이 자유를 꿈꾸지만 막상 자유가 주어지면 두려워하는 이유도 여기에 있다. 남이 대신 정해주던 시절에는 결과가 나쁘더라도 불만을 돌릴 대상이 있었다. 그러나 지금은 다르다. 내가 내린 결정이 곧 내 인생이 된다. 자유를 감당한다는 건 단순히 원하는 것을 고르는 것이 아니다. 내가 내린 결정이 만들어내는 결과까지 짊어지는 일이다. 책임을 피하면 남의 삶을 살고 책임을 지면 내 삶을 산다.

— 인간적인, 너무나 인간적인 2권
Human, All Too Human II

070

예술은 때로 혼란을 풀어주는 통로가 된다

삶은 언제나 평화롭고 균형 잡혀 있지 않다. 누구에게나 마음이 불안하고, 감정이 억눌리며, 스스로도 설명하기 힘든 혼란을 겪는 순간이 찾아온다. 이럴 때 예술은 단순한 취미가 아니라 그 혼란을 풀어내는 중요한 통로가 된다. 음악을 들을 때 말로 설명하기 힘든 감정을 느낀다. 그것이 기쁨이든 슬픔이든 복잡한 감정이 흘러가면서 정리된다. 그림 앞에 서 있을 때도 비슷하다. 혼란스러운 마음이 색과 선 앞에서 차분해진다. 때로는 단순한 문학의 한 문장이 얽힌 마음을 풀어주기도 한다.

삶이 복잡할수록 예술의 역할은 분명해진다. 무너질 듯한 마음을 붙잡아 준다. 정리되지 않는 생각을 흘려보낸다. 다시 일상을 살아갈 힘을 준다. 마음이 답답할 땐 예술을 가까이해야 한다.

― 인간적인, 너무나 인간적인 2권
Human, All Too Human II

071

배움은 나이가 들어도 끝나지 않는다

많은 사람은 학교에서 배움이 끝난다고 생각한다. 졸업장을 받으면 더 이상 공부할 필요가 없다고 여긴다. 인생은 끊임없이 새로운 문제를 던지고 그때마다 다시 배우지 않으면 안 된다.

배움은 책상 앞에서만 일어나는 것이 아니다. 새롭게 시작한 일, 가족과의 갈등, 예상치 못한 실패 이 모든 것이 우리에게 또 다른 배움이 된다. 나이가 들수록 배움의 방식은 달라지지만 무언가를 배운다는 것 자체가 멈추는 것은 아니다. 배움을 멈추면 성장도 멈춘다. 몸이 나이를 먹으면서 마음 역시 굳어버리고 세상은 계속 변하는데 나는 제자리에 머물게 된다. 평생 배우는 태도는 단순한 선택이 아니라 살아가는 데 반드시 필요한 필수 조건이다. 나이가 들면 배움의 형태만 달라질 뿐 무언가를 배운다는 사실은 바뀌지 않는다. 인간은 평생 무언가를 배운다.

— 인간적인, 너무나 인간적인 2권
Human, All Too Human II

072

의심스럽다면 일단 멀리하라

수많은 선택 앞에서 어떤 것이 좋은지 어떤 것이 해로운지 확신하기 어려운 순간이 있다. 그럴 때 망설이면서도 결국 한번 해볼까? 하는 마음에 발을 들일 때가 있다. 하지만 애초에 마음이 흔들리고 확신이 없다는 것은 경고의 신호일 수 있다.

진짜 좋은 것, 나에게 꼭 필요한 것은 대체로 처음부터 분명하게 다가온다. 설명하지 않아도 이해가 되고 억지로 설득할 필요 없이 자연스럽게 마음이 움직인다. 반대로 애매하고 의심스러운 것에는 늘 찜찜함이 따라온다. 지혜로운 사람은 의심이 든다는 느낌을 가볍게 여기지 않는다. 아무리 화려해 보이는 기회라도 확신이 없으면 과감히 물러난다. 당장은 잃는 것 같아도 결국 더 큰 손해를 피하고 자기 삶을 지켜내는 길이 된다. 마음이 편치 않은 것은 일단 멀리하고 보는 것이 진정한 지혜.

― 인간적인, 너무나 인간적인 2권
Human, All Too Human II

073
진짜 힘은 절제에서 나온다

강한 바람은 순간적으로는 모든 걸 다 휩쓸어가지만 오래 이어지지 못한다. 반대로 일정한 힘으로 꾸준히 부는 바람은 배를 먼바다까지 이끈다. 힘이란 크고 요란하다고 해서 반드시 생기는 것이 아니다. 어떤 순간에는 길게 이어지는 흐름 속에서 더 크게 드러난다. 그렇다면 무엇이 그 흐름을 만드는가? 인간에게는 절제가 바로 그 흐름을 만든다. 절제는 불필요한 낭비를 막는다. 화가 난다고 모든 감정을 쏟아내지 않는 것이 절제다. 욕심이 난다고 무턱대고 덤비는 것이 아니라 때를 기다리는 것이 절제다. 힘을 절제한다는 건 멈추는 게 아니라 더 큰 기회를 노리는 것이다. 잠깐 타오르고 멈추는 것이 아니라 꾸준히 가는 것이다. 절제할 줄 아는 사람만이 오래 버티며 결국 더 큰 결과를 만든다. 진짜 힘은 절제에서 나온다.

― 바그너의 경우, 니체 대 바그너
The Case of Wagner, Nietzsche contra Wagner

074

이해받지 못해도 자신의 길을 걸어야 한다

살다 보면 내가 하는 말이나 행동이 주위 사람들에게 이해받지 못할 때가 있다. 나는 분명 옳다고 믿고 선택한 길인데 사람들은 비웃거나 비난하며, 가까운 사람일수록 더 크게 비난할 때도 있다. 모든 선택이 처음부터 이해받을 수는 없다. 새로운 시도일수록 보통 사람들은 더 낯설게 느낄 것이고 익숙하지 않으면 받아들이는 데 시간이 필요하다는 뜻이다. 하지만 이해받지 못한다고 해서 잘못된 선택임을 뜻하는 것은 아니다. 오히려 남들이 이해하지 못하는 길을 꾸준히 걸어간 사람들이 결국 세상을 바꾼 경우가 많다. 고독이 두렵고 다른 사람의 비난이 두렵다고 모두가 가는 길을 따라가면 편할 수는 있어도 내 삶을 잃어버린다. 이해받지 못해도 내가 선택한 길이라면 그저 나아가야 한다. 타인의 눈이 아니라 내 발걸음이 내 삶을 만든다.

— 바그너의 경우, 니체 대 바그너
The Case of Wagner, Nietzsche contra Wagner

075

사람을 지치게 하는 예술은 좋은 예술이 아니듯 사람을 지치게 하는 관계도 좋은 관계가 아니다

예술은 사람을 가볍게 해야 한다. 음악을 듣거나 그림을 볼 때 마음이 한결 가벼워지고 숨이 트이는 느낌을 주는 것이 좋은 예술이다. 아무리 화려하고 유명해도 듣는 사람을 지치게 하거나 무겁게 한다면 좋은 예술이라고 할 수 없다. 관계도 마찬가지다. 함께할 때 힘이 나고 적은 대화 속에서도 마음이 편안해지는 관계가 좋은 관계다. 아무리 오래 알고 지냈다 해도 만날 때마다 기운이 빠진다면 좋은 관계가 아니다. 사람을 지치게 하는 예술이 좋은 예술이 아니듯, 사람을 지치게 하는 관계도 좋은 관계가 아니다. 진짜 좋은 관계는 나를 지치게 하지 않는다.

— 바그너의 경우, 니체 대 바그너
The Case of Wagner, Nietzsche contra Wagner

076

욕심이 많을수록 중심을 잃는다

컵에 물을 계속 붓는다고 해서 끝없이 담을 수 있는 건 아니다. 일정한 선을 넘으면 흘러넘친다. 욕심도 그렇다. 채워 넣을수록 더 풍요로워질 것 같지만 일정선을 지나면 오히려 삶을 흘러내리게 만든다. 욕심이 많아질수록 마음은 흔들린다. 이것저것 다 가지려는 사이에 정작 중요한 건 손에서 미끄러져 빠져나간다. 결국 중심을 잃고 삶이 흔들린다. 깊이 뿌리 내린 나무는 흔들려도 쓰러지지 않는다. 욕심에 눈이 멀어버린 삶은 뿌리보다 가지를 키우는 것과 똑같다. 화려하게 뻗은 가지는 멋져 보이지만 폭풍이 몰아치면 쉽게 꺾인다. 중심을 지키지 않은 대가는 크게 돌아온다.

— 바그너의 경우, 니체 대 바그너
The Case of Wagner, Nietzsche contra Wagner

077

모든 것에는 때가 있다

인간은 종종 지금이 아니면 안 된다는 조급함 속에 살아간다. 돌이켜 생각해 보면 삶의 많은 일은 결국 때가 맞았을 때 이루어지지 않았는가? 억지로 서두른다고 일이 풀리지 않고 준비가 덜 되었을 때 잡은 기회는 오래 가지 못한다. 모든 것에는 때가 있다. 씨앗도 계절을 기다려야 싹이 튼다. 열매도 시간이 지나야 익는다. 사람도 다르지 않다. 누군가는 늦게 시작해도 단단히 자리를 잡을 수 있고 누군가는 빠르게 앞서가다가도 금방 멈춘다. 중요한 건 나에게 맞는 때를 기다리는 것이다. 준비가 될 때까지 스스로를 다듬고 기회가 오면 잡을 수 있도록 힘을 기르는 것이다. 억지로 앞당기려 하지 말고 너무 미루지도 말라. 모든 것에는 때가 있다. 삶도 예외가 아니다.

— 바그너의 경우, 니체 대 바그너
The Case of Wagner, Nietzsche contra Wagner

078

삶을 사랑하는 사람과
삶을 미워하는 사람의 작품은 다르다

작품은 언제나 그 사람의 마음을 비춘다. 같은 재료, 같은 언어를 써도 삶을 바라보는 태도가 다르면 전혀 다른 결과물이 나온다. 삶을 사랑하는 사람이 만든 작품에는 따뜻함이 묻어난다. 작은 장면을 그려도 희망을 담고, 어려운 이야기를 다뤄도 끝에는 다시 일어설 힘이 있다. 삶을 미워하는 사람이 만든 작품에는 허무, 분노와 절망이 깔려 있다.

인생을 살아가면서 누구나 고통스러운 일을 겪지만 그 고통을 어떻게 해석하느냐에 따라 삶을 대하는 태도가 달라진다. 작품에 그 사람의 마음이 담기는 것처럼 말이다. 결국 중요한 것은 고통을 바라보는 시선이다. 어둠 속에서도 배울 것을 찾고 그 경험을 발판 삼아 더 단단해질 것인가? 원망으로 삶을 채우고 스스로를 갉아먹을 것인가? 오로지 나의 선택에 달려있다.

— 바그너의 경우, 니체 대 바그너
The Case of Wagner, Nietzsche contra Wagner

079

희망이 있어야 새로운 길을 열 수 있다

길을 찾는 사람에게 가장 필요한 건 능력보다 희망이다. 아무리 많은 지식과 기술을 가지고 있어도 앞으로 나아갈 수 있다는 믿음이 없으면 한 발자국도 떼지 못한다. 삶에서 누구나 막다른 길을 만난다. 노력해도 결과가 없고 실패가 연이어 닥치며 더는 해답이 보이지 않을 때가 있다. 그 순간 희망이 사라지면 모든 것을 포기하게 된다. 하지만 작은 희망이라도 붙잡으면 상황은 달라진다. 희망은 단순한 위로가 아니라 행동을 가능하게 만드는 힘이다. 실패를 다시 도전으로 바꾸고 무너진 곳에서 일어날 힘을 주는 것이다. 희망이 없는 사람은 발걸음을 멈추지만 희망이 있는 사람은 끝내 도달한다. 희망이 있어야 계속 나아갈 수 있다.

— 바그너의 경우, 니체 대 바그너
The Case of Wagner, Nietzsche contra Wagner

080

고통을 사람을 무너뜨리기도 더 크게 세우기도 한다

삶에 피할 수 없는 손님은 고통이다. 어느 순간에는 반드시 누구나 고통을 마주한다. 그러나 똑같은 고통을 마주했다고 해서 같은 결과가 나오는 것은 아니다. 어떤 사람에게는 파괴가 되고 어떤 사람에게는 새로운 힘이 된다.

고통이 사람을 파괴할 때는 대체로 그것에만 매달릴 때다. 아픔을 원망으로만 채우고 그 안에서 빠져나오지 못하면 마음은 점점 닫히고 삶은 더 작아진다. 반면 같은 아픔을 겪어도 배울 것을 찾고 새로운 의미를 발견하는 사람은 덕분에 단단해진다. 가장 아름다운 작품과 가장 감동적인 이야기가 큰 고통을 통과한 사람에게서 나오는 이유도 이 때문이다. 고통은 사람을 파괴하기도 하지만 더 크게 세우기도 한다. 고통은 상처이자 동시에 재료다.

— 바그너의 경우, 니체 대 바그너
The Case of Wagner, Nietzsche contra Wagner

3장

인간관계의 본질

081

환경이 바뀌지 않으면 변화도 없다

같은 곳에 머물면서 같은 것만 보면 같은 생각을 하게 된다. 익숙한 것들은 안정감을 주지만 동시에 시야를 좁힌다. 삶이 달라지고 싶다면 전혀 다른 환경으로 옮겨가야 한다. 과거의 기억, 사람들, 물건까지 모두 끊어내고 낯선 곳으로 스스로를 밀어 넣어야 한다. 마치 의사가 환자를 치료하듯 자기 자신을 낯선 환경에 던져 넣어야 한다. 환경이 바뀌면 보는 것이 달라진다. 보는 것이 달라지면 생각이 달라진다. 생각이 달라지면 삶이 달라진다. 익숙함에서 벗어나야만 내 세상이 달라진다.

— 인간적인, 너무나 인간적인 2권
Human, All Too Human II

082
고통을 외면하지 않는 태도가 진짜 강함이다

강한 사람하면 어떤 게 떠오르는가? 웃음을 잃지 않는 사람, 힘든 일이 있어도 태연한 사람을 떠올릴 것이다. 진짜 강함은 아픔이 없는 척하는데서 나오지 않는다. 고통을 있는 그대로 마주할 줄 아는 데서 나온다. 누군가는 불편한 감정을 애써 숨긴다. 외면하면 사라질 거라 믿기 때문이다. 감정은 덮는다고 해서 사라지지 않는다. 오히려 더 깊이 쌓여 있다가 언젠가 더 큰 무게로 돌아온다. 반대로 고통을 인정하고 그것이 왜 생겼는지 살펴보는 사람은 점점 단단해진다.

삶은 누구에게나 어려운 순간을 준다. 실패, 상실, 관계의 갈등을 피해 갈 수 없다. 중요한 것은 피하는 기술이 아니라 맞서는 태도다. 고통을 외면하지 않고 마주하는 순간, 약해지는 것이 아니라 오히려 강해진다. 고통을 외면하지 마라.

— 인간적인, 너무나 인간적인 2권
Human, All Too Human II

083

방향이 분명하지 않으면 열정도 길을 잃는다

사람은 누구나 열정을 가지고 무언가를 시작한다. 그러나 열정만으로는 충분하지 않다. 어디로 가야 하는지 분명히 알고 있지 않다면 열정은 금세 힘을 잃는다. 불분명한 목표를 향해 뛰는 것은 불 꺼진 밤길을 달리는 것과 같다. 아무리 속도를 내도 제대로 가고 있는지조차 알 수 없으니 결국 지친다.

의욕적으로 일을 시작하고도 오래 버티지 못하는 이유가 여기에 있다. 애초에 방향이 선명하지 않았기 때문이다. 하고 싶은 마음은 있었지만 무엇을 위해, 어디까지, 어떻게 해야 하는지 기준이 없으니 열정이 사라지는 것이다. 열정이 오래가려면 분명한 방향이 있어야 한다. 방향이 흐리면 열정도 길을 잃는다.

— 인간적인, 너무나 인간적인 2권
Human, All Too Human II

084

진실은 시간이 지난 후에 힘을 가진다

사람들은 진실을 듣고 싶다고 말하지만, 막상 그 진실이 자신이 믿어온 것과 다르면 불편해한다. 그 불편함은 종종 분노로 바뀐다. 바뀐 분노가 누구에게 향하겠는가? 언제나 진실을 말하는 사람에게 향한다. 기존의 권위나 믿음을 흔드는 말은 오랫동안 그 믿음에 기대 살아온 사람들에게는 위협으로 들리기 때문이다. 그래서 그들은 논리로 반박하기보다 돌과 오물을 던지듯 비난과 모욕을 퍼붓는다. 진실은 그 순간 더럽혀진다. 하지만 시간이 지나면 결국 드러나는 것은 진실이다. 그때는 아무도 돌을 던지지 않는다. 진실은 말하는 순간보다 시간이 지난 후에 힘을 가진다.

— 인간적인, 너무나 인간적인 2권
Human, All Too Human II

085

사람은 타인의 강점보다 결점을 먼저 기억한다

누군가를 떠올릴 때 종종 장점보다 단점을 먼저 기억한다. 수년간 성실하게 살아온 사람이라도 단 한 번의 실수가 더 오래 기억에 각인된다. 오랫동안 쌓아 올린 강점이 눈부셔도 사람들의 눈은 그 빛보다 그림자에 더 쉽게 머문다. 이것은 인간의 본능적인 습관이다. 편안하고 긍정적인 기억은 시간이 지나면 희미해지지만 불편하거나 불쾌했던 기억은 오래 남는다. 사람은 타인을 바라볼 때 결점을 확대해서 해석한다. 작은 실수가 반복되면 성격의 문제로 몰아가고 일시적인 약점도 본질적인 결함으로 생각한다. 결점을 먼저 기억하는 습관은 타인의 가치를 온전히 보지 못하게 만든다. 우리는 모두 장점과 단점을 동시에 지닌 존재기 때문이다. 단점 하나가 그 사람의 전부가 될 수는 없다.

— 인간적인, 너무나 인간적인 2권
Human, All Too Human II

086

말은 언제든 그럴듯하게 포장될 수 있다

자신을 포장하는 가장 좋은 수단으로 사용하는 것은 언제나 그럴듯한 말이다. 겉으로는 진리, 이성, 과학 같은 단어를 내세우지만 그 말속에는 다른 의도가 숨어 있는 경우가 많다. 자신의 생각을 있는 그대로 드러내는 사람은 많지 않다. 그 말이 사실인지 아닌지는 중요하지 않다. 중요한 건 듣는 사람이 설득당할 만큼 그럴듯해 보이느냐는 것이다. 말은 언제든 포장이 될 수 있다. 그 포장이 정교할수록 속에 무엇이 있는지 알아차리기 어렵다. 하지만 진실에 다가가려면 포장을 걷어내야 한다. 속셈을 보려면 먼저 말의 껍질을 벗겨라.

— 인간적인, 너무나 인간적인 2권
Human, All Too Human II

087
상처 없는 배움은 없다

새로운 것을 배우는 일은 언제나 즐겁지만은 않다. 알지 못하던 세계를 알게 되면 시야는 넓어지지만 마음은 불편해지기도 한다. 지식은 기쁨을 주면서도 상처를 남긴다. 처음 걸음마를 배우는 아이가 무수히 넘어지며 일어서는 법을 배우듯 익숙하지 않은 것을 마주할 때는 어색함과 좌절을 함께 겪는다. 생각이 바뀌는 과정에서는 스스로 틀렸다는 것을 인정해야 하는 순간이 찾아올 것이다. 상처 없는 배움은 없다. 불편하고 아픈 것을 피하려 하면 배움이 멈춘다. 배움이 멈추면 삶 역시 멈춘다. 무언가를 배우고 새로운 것을 터득하는 건 상처를 남기기도 할 것이다. 그러나 그 상처가 쌓여 인생의 깊이가 된다. 상처를 피하면 성장도 멀어진다.

— 인간적인, 너무나 인간적인 2권
Human, All Too Human II

088

빈 그릇에 금칠을 해도
비어 있다는 건 똑같다

화려한 옷, 복잡한 말, 그럴듯한 이론. 이 모든 것은 속에 있는 빈자리를 가리는 포장지다. 속물들이나 선택하는 행동이다. 장식이 자신을 더 지적으로, 더 깊이 있어 보이게 만든다고 착각한다. 그러나 그 장식을 벗기면 꾸미기 전과 다르지 않다. 겉치레는 잠시 시선을 속일 수 있지만 결국 그 안이 비어 있다면 장식은 공허함을 더 부각시킬 뿐이다. 빈 그릇에 금칠을 해도 비어 있다는 건 똑같다.

— 인간적인, 너무나 인간적인 2권
Human, All Too Human II

089

남들과 다른 선택을 하면
그만큼 더 많은 노력이 필요하다

익숙한 길을 갈 때는 큰 설명이나 증명이 필요하지 않다. 다수가 걷는 길은 이미 안전하다고 여겨지고 그 안에서의 선택은 당연한 것으로 받아들여지기 때문이다. 하지만 남들과 다른 길을 선택하는 순간 상황은 달라진다. 그 선택이 옳다는 것을 스스로 보여주어야 한다.

새로운 길은 언제나 의심을 받는다. 왜 굳이 다르게 하며, 그 방법이 맞는 것이냐는 질문이 따라붙는다. 그때 필요한 것은 변명이 아니라 꾸준한 노력이다. 시간이 지나도 흔들리지 않고 계속해 나가다 보면 결국 사람들은 인정을 하게 된다. 남들과 다른 선택은 자유를 주지만 동시에 큰 책임도 따른다. 스스로 증명하지 않으면 금세 변덕이나 고집으로 비칠 수 있다. 다른 길을 간다는 것은 그만큼 더 많은 노력을 감당한다는 뜻이다.

— 인간적인, 너무나 인간적인 2권
Human, All Too Human II

090

좋은 것은 삶을 끌어당긴다

좋은 것과 좋지 않은 것의 차이는 간단하다. 삶을 끌어당기느냐 그렇지 않으냐. 진짜 좋은 것, 즉 진실하고 강력한 힘을 가진 것은 방향에 종속되지 않는다. 우리를 살아가게 만드는 힘은 꼭 긍정적인 말이나 희망에서 오는 것이 아니다. 때로는 절망 속에서 쓰인 문장, 삶을 부정하는 목소리조차도 그 강력함에 이끌려 삶이 변화하지 않는가. 좋은 것은 사람을 매혹한다. 그 매혹은 단순한 감정이 아니라 삶의 끝까지 변화시킬 만큼 강력한 힘이다. 외면했던 현실을 직면하게 하고 그 현실 속에서 다시 발을 딛고 서게 한다. 설령 그것이 절망과 고통을 통해서일지라도 그 과정을 거친 사람은 이전보다 더 단단해진다. 좋은 것은 삶을 버티게 만든다. 어떤 외형을 하고 있든 나를 다시 삶으로 끌어들인다. 나를 살게 만드는 것은 결국 좋은 것들이다.

— 인간적인, 너무나 인간적인 2권
Human, All Too Human II

091

변화는 혼란이 아니라 확장이다

계절이 바뀌듯 생각과 마음도 변해야 한다. 봄과 가을, 여름과 겨울이 있어야 세상이 살아 숨 쉬듯 마음속에서 순환이 있어야 삶이 살아난다. 과거를 탐구하면서도 한 자리에 머물지 않고 끊임없이 생각을 바꿔 마음을 새롭게 하는 것이다. 변화는 혼란이 아니라 삶을 더 넓고 깊게 만드는 숨결이다. 고정된 영혼은 차갑다. 무미건조한 삶이다. 변화를 품은 영혼은 다채로운 색과 향을 지닌 사람이다. 변화를 두려워하지 말라. 그것이 삶을 풍요롭게 만든다.

— 인간적인, 너무나 인간적인 2권
Human, All Too Human II

092

중요한 건 양이 아니라 질이다

흔히 많을수록 좋다는 생각을 한다. 돈이 많으면, 말이 많으면, 지식이 많으면 더 나을 것이라고 믿는다. 조금만 들여다보면 전혀 그렇지 않다는 것을 알 수 있다. 어떤 이는 끝없이 많은 말을 하지만 정작 건질 내용은 없는 경우가 있다. 반대로 몇 마디만 해도 듣는 사람의 마음에 오래 남는 경우가 있다. 말의 양이 아니라 말속에 담긴 진심과 무게가 중요한 것이다.

지식도 마찬가지다. 책을 수십 권 읽어도 생활에 하나도 적용하지 못한다면 소용이 없다. 반대로 한 권을 깊이 이해해 삶에 녹여낸다면 훨씬 값진 배움이 된다.

관계도 그렇다. 수많은 사람을 아는 것보다 힘들 때 곁에 있어 주는 단 한 사람이 더 큰 힘이 된다. 중요한 건 양이 아니라 질이다. 결국 우리를 지탱하는 건 제대로 된 한 가지다.

— 인간적인, 너무나 인간적인 2권
Human, All Too Human II

093

인생은 완성된 그림이 아니라
끝없는 스케치다

하나의 인생은 하나의 그림과 같다. 사람들은 인생을 살아가면서 자신의 삶이라는 그림을 완성하려 한다. 하지만 절대 완성하지 못할 것이다. 삶은 여전히 흐르고 나 역시 매일 바뀌기 때문에 고정된 모습으로 완벽히 그릴 수 없다. 지금 이 순간에도 나 자신은 변하고 있다. 오늘의 나는 어제의 나와 다르고 내일의 나는 오늘의 나와 또 달라질 것이다. 그래서 내가 그리는 건 완성된 한 장의 그림이 아니라 변화하는 나를 담은 수많은 스케치일 뿐이다. 결국 내가 그릴 수 있는 건 지금 이 순간의 나뿐이다.

— 인간적인, 너무나 인간적인 2권
Human, All Too Human II

094
새로운 믿음은
오래된 믿음을 깨뜨릴 때 시작된다

사람들은 처음부터 세상에 존재하는 진리를 믿은 것이 아니다. 처음에는 부모가, 스승이, 사회가 심어준 진리를 의심 없이 받아들인다. 그것이 절대적이라고 믿으며 살아간다. 하지만 언젠가 의문이 든다. 과연 이것이 전부일까? 그 순간부터 오래된 믿음에 금이 간다. 그 금은 두려움이 아니라 새로운 믿음이 들어올 문이 된다. 새로운 삶을 살려면 먼저 자신이 믿어온 모든 진리를 의심해야 한다. 새로운 믿음은 오래된 믿음을 깨뜨릴 때 시작된다. 낡은 것을 버려야 새것이 들어온다.

— 인간적인, 너무나 인간적인 2권
Human, All Too Human II

095

진실은 피한다고 사라지지 않는다

인간이 좋아하는 말은 바로 듣기 좋은 말, 감당할 수 있는 말이다. 그 말이 진실이든 거짓이든 상관없다. 감당하기 어려운 진실은 듣는 순간 마음을 불편하게 만들기에 모두가 피한다. 진실은 빙하 위를 건너는 여정과 비슷하다. 발아래는 깊이를 알 수 없는 차가운 바다가 있다. 주변에는 살을 에는 바람뿐이며 한 발만 잘못 디뎌도 금이 가고 얼음이 깨져 모든 것을 잃을 수 있다. 진실을 마주한다는 건 이런 위험을 감수하겠다는 뜻이다. 그래서 많은 사람은 처음부터 그 길에 발을 들이지 않는다. 마치 누군가가 그 이야기를 꺼내는 순간 자신이 비겁하다는 낙인이 찍히는 것처럼 느끼기에 듣는 것조차 피한다. 그러나 진실은 무엇을 해도 사라지지 않는다. 감당할 용기가 없는 사람은 진실을 듣기 싫어하지만 진실은 끝내 그를 찾아온다.

— 인간적인, 너무나 인간적인 2권
Human, All Too Human II

096

세상을 바꾸고 싶다면 먼저 나부터 바꿔라

세상에는 여러 문제가 있다. 정치, 사회, 문화가 대표적이다. 그러나 문제라는 것은 결코 세상에만 있는 것이 아니다. 누구나 다 병을 앓고 있다. 그 병은 눈에 잘 보이지는 않지만 자신의 말, 행동, 가치관, 선택 등 인생의 수많은 곳에 깊이 스며들어 있다. 사람들은 종종 세상의 문제를 고치겠다며 나선다. 부패를 비판하고, 불평등을 지적하고, 잘못된 문화를 바로잡아야 한다고 말한다. 하지만 정작 중요한 건 내 안에도 문제가 있다는 사실을 인정하는 일이다. 세상을 바꾸기 전에 제일 먼저 해야 하는 건 나 자신부터 돌아보는 일이다. 내 안의 병을 직시하고 그것을 뿌리째 뽑아내지 않는 한 아무것도 바꿀 수 없다. 세상을 바꾸고 싶다면 제일 먼저 나부터 바꿔야 한다. 내가 변하지 않으면 아무것도 변하지 않는다.

— 바그너의 경우, 니체 대 바그너
The Case of Wagner, Nietzsche contra Wagner

097

자연스러움 속에서 품격이 우러나온다

세련된 것은 화려함에서 나오는 것이 아니다. 오히려 힘을 주면 줄수록 더 어색하게 느껴지는 것이 세련됨이다. 정말 세련된 것은 힘이 들어있지 않다. 마치 오랜 시간 다듬은 목소리처럼, 오래 써서 편안한 가구처럼 거기 있는 것만으로 편안하다. 겉으로는 평범해 보이지만 그 안에는 긴 시간의 경험과 절제가 쌓여있다. 억지스러운 것은 처음엔 반짝일 수 있으나 곧 피곤해진다. 오히려 질리기까지 한다. 반대로 자연스럽고 은은한 것은 처음엔 조용하지만 한 번 스며들면 오래 남는다. 친절도 마찬가지다. 억지 친절은 잠깐 기분을 좋게 할 수 있지만 오래된 편안함은 진심에서만 나온다. 자연스러운 사람은 과장된 매력을 보이려 애쓰지 않지만, 곁에 있을수록 믿음이 쌓인다. 곁에 오래 두고 싶은 사람은 자연스럽다.

— 바그너의 경우, 니체 대 바그너
The Case of Wagner, Nietzsche contra Wagner

098

목소리의 크기로는
사람의 마음을 움직일 수 없다

강렬함은 목소리를 높인다고 생기지 않는다. 억지로 감정을 부풀리거나 과장된 몸짓을 더 한다고 해서 사람의 마음을 움직이지 못한다. 오히려 그 속내가 비어 있으면 큰 울림은 금세 사라진다. 화가 났을 때 분노를 표출하는 사람이 강렬해 보이는가? 아니면 긴 침묵 끝에 한마디를 던지는 사람이 강렬해 보이는가? 사람의 마음을 흔드는 것은 요란한 표현이 아니다 가장 필요한 순간에 정확히 전달하는 것이다. 강렬함은 겉으로 드러내는 힘이 아니다. 큰 목소리보다 필요한 한마디가 더 강하다.

— 바그너의 경우, 니체 대 바그너
The Case of Wagner, Nietzsche contra Wagner

099

사랑은 네가 아니라 나를 위한 것이다

사랑은 겉으로는 상대를 위하는 것처럼 보인다. 네가 행복하면 나도 행복하다는 말이 가장 전형적인 예시다. 하지만 그 속을 들여다보면 그 행복이 나와 함께일 때만 유효한 경우가 많다. 사랑은 본질적으로 소유하고 싶다는 욕망을 품고 있다. 이기적이어서 나쁘다는 뜻이 아니다. 사랑의 본질이 이기적이라는 사실을 인정하면 그 감정을 더 정확히 다룰 수 있다. 사랑은 '내가 너를 원한다'는 고백이지 '네가 없이도 괜찮다'는 선언이 아니다. 진짜 문제는 그 이기심을 숨기고 포장할 때 생긴다. 솔직한 사랑은 강하고 오래가지만 가식적인 사랑은 모순에 부서진다. 사랑은 언제나 나를 위한 것이다. 사랑은 가장 이기적인 감정이다.

— 바그너의 경우, 니체 대 바그너
The Case of Wagner, Nietzsche contra Wagner

100
구원은 순수한 선행이 아니라 권력의 한 형태다

위기에 처한 사람을 도와주고 싶은 마음이 들 때가 있다. 혹은 어떤 사람을 이전보다 더 나은 상태로 이끌어주고 싶다. 누군가를 구원하고 싶다는 마음은 겉으로는 순수해 보인다. 마치 고귀해 보이기까지 한다. 그러나 그 마음 깊숙한 곳에는 그 구원이 내 손을 통해 이루어지길 바라는 욕심이 숨어 있다. 순수한 선행처럼 보이지만 실제로는 권력의 한 형태인 것이다. 누군가를 구원하는 순간, 우리는 그의 운명을 바꾸는 사람이 되고 그로 인해 그의 삶에 발자취를 남긴다. 그 사람이 나 없이는 살아갈 수 없는 듯한 상태, 혹은 나로 인해 살아갈 수 있는 사람이라는 사실 자체가 나에게 힘을 주는 것이다. 구원은 때로 구원받는 사람보다 구원하는 사람의 욕망을 위해 존재한다. 누군가를 돕는다는 말 속에는 인정받고 싶은 욕망이 숨어 있다.

— 바그너의 경우, 니체 대 바그너
The Case of Wagner, Nietzsche contra Wagner

101

사랑은 때로 이름을 빌려 영혼을 지배한다

순수한 사랑과 그렇지 못한 사랑이 있다. 어떤 사랑은 상대의 마음과 삶을 서서히 점령하고 그 위에 집을 짓는다. 기생하는 것이다. 처음에는 애정과 관심처럼 보여도 시간이 지나면 내 시간을 점유하고, 인간관계의 경계를 좁히고, 결국 선택과 자유마저 자신이 원하는 쪽으로 설정해 둔다. 이러한 모든 행동은 사랑이라는 이름을 가졌기 때문에 쉽게 속박이라고 의심받지 않는다. 기생하는 사랑은 상대를 성장시키지 않는다. 오히려 그가 약해지고 의존하고 떠나지 못하길 바란다. 그렇게 해야 자신이 여전히 필요한 사람이라고 느낄 수 있기 때문이다. 사랑이라는 이름 아래서도 영혼은 빼앗길 수 있다.

— 바그너의 경우, 니체 대 바그너
The Case of Wagner, Nietzsche contra Wagner

102

무작정 던지는 괜찮다는 말은
아무것도 하지 않겠다는 선언이다

흔히 낙관주의는 좋은 것처럼 보인다. 다 잘될 거야라는 한 마디는 위로가 되고 앞으로 나아갈 힘을 준다. 하지만 이 말이 모든 상황에서 옳은 것은 아니다. 낙관은 때때로 현실을 외면하게 만들고 문제의 깊이를 가린다. 낙관주의가 그 어떤 사람보다 더 심한 허무주의처럼 변질되는 것이다. 모든 게 잘될 거라는 말 속에는 어차피 내가 할 수 있는 건 없다는 체념이 숨어 있을 수 있다. 그건 더 이상 희망이 아니라 무책임한 것이다. 진짜 긍정은 현실을 똑바로 본 뒤에 하는 말이다. 어떤 상황이든 무작정 괜찮다고 말하는 건 결국 아무것도 하지 않겠다는 선언과 같다. 다 잘될 거라는 말이 가장 위험할 때가 있다.

— 바그너의 경우, 니체 대 바그너
The Case of Wagner, Nietzsche contra Wagner

103

막혔다고 생각한 길 끝에서
새로운 길이 열린다

길을 떠날 때 제일 먼저 정하는 것은 목적지다. 그곳에 도착해야만 성공한 것이고 닿지 못하면 실패한 거라고 생각한다. 하지만 인생이라는 항해에서 배가 멈추는 자리가 반드시 계획했던 곳일 필요는 없다. 가던 길이 완전히 막히고 더 이상 나아갈 수 없는 곳에서 처음에는 절망하지만 이내 곧 새로운 무언가를 발견하게 된다. 난파는 끝이 아니라 재정의의 순간이다. 처음엔 좌절처럼 보여도 그 지점에서 방향을 바꾸거나 애초에 몰랐던 더 중요한 목적을 깨닫게 된다. 계획된 항로만이 정답은 아니다. 고난을 겪는 지금, 이 순간이 삶의 끝이 아니라 새로운 시작일 수 있다.

— 바그너의 경우, 니체 대 바그너
The Case of Wagner, Nietzsche contra Wagner

104
유혹은 파괴의 가장 교묘한 형태다

유혹은 대개 달콤하게 다가온다. 노골적으로 다가오지 않고 부드럽게 다가온다. 눈앞의 매혹이 마음을 흔드는 순간 그것이 어떤 결과를 만들어내는지보다 당장의 쾌락에 집중하게 만든다. 유혹은 파괴의 가장 강력한 형태다. 경계심을 무너뜨리고 스스로 문을 열게 만들기 때문이나. 유혹에 당하는 사람은 자신이 무너지고 있다는 사실조차 깨닫지 못한다. 가장 위험한 덫은 스스로 걸어 들어가게 만든다.

— 바그너의 경우, 니체 대 바그너
The Case of Wagner, Nietzsche contra Wagner

105

영혼이 약해지면 해로운 것에 끌린다

해로운 것은 피해야 한다는 사실은 대부분이 알고 있다. 그럼에도 불구하고 오히려 해로운 것을 향해 다가갈 때가 있다. 자신을 해칠 거라는 걸 알면서도 선택한다. 그 이유는 하나다. 본능이 약해졌다는 신호다. 흔들리지 않는 것에 흔들린다면 지금 나의 영혼이 약해져 있다는 신호다. 내가 나를 지키는 힘이 사라지면 세상은 언제든 나를 집어삼킨다.

— 바그너의 경우, 니체 대 바그너
The Case of Wagner, Nietzsche contra Wagner

106
아름다움은 인간의 경계심을 가장 먼저 무너뜨린다

인간의 경계심을 무너뜨리는 건 항상 아름다움이다. 눈이 먼저 사로잡히면 귀와 마음은 이미 경계가 허물어져 있다. 그렇게 겉모습이 아름다운 것에 매료되어 속을 제대로 보지 못한다. 부드럽고 매혹적인 표정 뒤에 숨어 있는 날카로운 의도를 보지 못한다. 감미로운 소리 속에 숨어 있는 독을 눈치채지 못한다. 겉만 보고 달려드는 순간 스스로 함정 속에 뛰어드는 꼴이 된다. 역사 속 많은 파괴는 매혹적인 얼굴로 다가왔다. 아름다움은 그 자체로 목적이 아니라 진실을 가리는 시험지다. 눈이 사로잡힌 순간 마음은 질문해야 한다. 이것은 진짜인가? 아니면 잘 만든 가짜인가?

— 바그너의 경우, 니체 대 바그너
The Case of Wagner, Nietzsche contra Wagner

107

명분이 너무도 훌륭하면 의심하라

명분은 신뢰를 얻는 가장 강력한 무기다. 대의와 정의를 내세우는 순간 사람들은 의심보다 먼저 믿음을 준다. 모두를 위해, 더 나은 세상을 위해라는 말은 그 안에 담긴 진실 여부를 확인하기 전에 마음 먼저 움직인다. 그러나 그 명분이 거짓이라면 단순한 거짓말보다 훨씬 더 위험한 상태에 빠질 수 있다. 사람은 '무엇을 하는가?'보다 '왜 하는가?'에 더 쉽게 설득되기 때문이다. 목적이 정당하다고 믿는 순간 그 방법과 결과를 덜 의심하게 된다. 가장 위험한 적은 무기를 들고 오는 자가 아니라 손에 명분을 들고 미소 짓는 자다. 그럴듯한 명분을 언제나 가장 먼저 의심해야 한다.

— 바그너의 경우, 니체 대 바그너
The Case of Wagner, Nietzsche contra Wagner

108

진짜는 조용하고 가짜는 시끄럽다

실력이 있는 사람은 보통 말이 짧다. 결과로 보여줄 수 있으니 불필요하게 자신을 포장할 이유가 없다. 반대로 할 수 없는 게 많은 사람일수록 말이 길어진다. 빈자리를 채우는 가장 손쉬운 방법이기 때문이다. 이들은 자신의 부족함을 인정하지 않는다. 실행력이 부족한 부분을 철학처럼 포장하고 할 수 없는 것을 '하지 않기로 한 것'처럼 보이게 만든다. 결국 중요한 건 말이 아니라 성과다. 아무리 그럴듯한 명분과 화려한 언변도 실제로 이뤄낸 것이 없다면 현실을 가리는 연막일 뿐이다. 진짜는 조용하고 가짜는 시끄럽다.

— 바그너의 경우, 니체 대 바그너
The Case of Wagner, Nietzsche contra Wagner

109

작은 것에 매달리면 큰 것을 놓친다

세부적인 것을 챙기는 건 중요하다. 하지만 작은 것이 전체의 흐름을 방해할 만큼 커지면 그건 꼼꼼함이 아니라 집착이 된다. 작은 부분은 전체 속에서만 의미가 있다. 그 부분이 아무리 완벽하거나 불안정해도 전체에 어떻게 어울리느냐가 더 중요한 것이다. 퍼즐 한 조각이 반짝인다고 해서 그 조각 하나만 붙잡고 있으면 그림은 완성되지 않는다. 반대로 퍼즐 한 조각이 망가졌다고 해서 그 조각 하나만 붙잡고 있어도 그림은 완성되지 않는다. 작은 부분에 몰두할수록 전체를 볼 시간이 줄어들기 때문이다. 인생도 마찬가지다. 작은 부분 하나하나 다 중요하지만 작은 부분 하나가 삶 전체를 멈추게 해서는 안 된다. 작은 것에 매달리면 큰 것을 놓친다.

— 바그너의 경우, 니체 대 바그너
The Case of Wagner, Nietzsche contra Wagner

110

차가운 무관심이 아니라
뜨거운 속도를 경계하라

사람의 마음을 움직이는 데 있어서 이성은 항상 느린 편이다. 논리는 시간을 들여 생각해야 하고 비교하고 검증해야 한다. 감정은 그 모든 과정을 건너뛰고 직관적으로 다가온다. 누군가의 목소리 톤, 표정, 분위기, 한순간의 울림이 이유를 설명하기 전에 이미 마음을 흔든다. 그때 이성은 뒤따라오며 감정이 만든 선택을 합리화한다. 문제는 감정이 항상 진실을 보장하지 않는다는 것이다. 감정이 만든 확신은 오히려 판단을 흐리고 이성을 작게 만들어 잘못된 선택으로 이끌 수 있다. 내가 항상 경계해야 하는 것은 차가운 무관심이 아니라 너무 빠른 뜨거움이다.

— 바그너의 경우, 니체 대 바그너
The Case of Wagner, Nietzsche contra Wagner

111
작은 만족에 안주하는 순간 성장은 멈춘다

인간은 쉽게 익숙해진다. 작은 성취나 잠깐의 즐거움에도 마음이 채워지면 그 이상을 향해 나아가야 한다는 생각이 약해진다. 그 순간부터 더 큰 기회는 눈에 들어오지 않는다. 작은 만족은 안정을 준다. 하지만 그 안정이 오래되면 변화를 두려워하는 마음이 생기기 시작한다. 더 나은 것을 향한 도전 대신, 지금 가진 것을 지키는 데만 몰두하게 되는 것이다. 문제는 세상은 계속 변한다는 것이다. 한 번 안주하기 시작하면 더 큰 세상으로 나아갈 기회는 점점 멀어진다. 성장은 불편함에서 시작된다. 작은 만족에 머무르지 않고 그 만족을 디딤돌 삼아 더 큰 세상을 향해 나아가야 한다. 만족은 출발점이지 종착지가 아니다.

— 바그너의 경우, 니체 대 바그너
The Case of Wagner, Nietzsche contra Wagner

112
소비는 금방 잊히지만 경험은 오래 기억된다

식탁 위에 올려진 음식이 아무리 멋져 보여도 입에 넣었을 때 씹을 게 없다면 허기만 남는다. 경험과 소비도 마찬가지다. 보여주기 위해서 사용하는 것이 아니라 실제로 오래 곱씹을 수 있는 내용이 있어야 가치가 있는 것이다. 보기 좋은 상차림은 사람을 잠시 만족시킬 뿐이다. 아무것도 씹히는 게 없다면 결국 그건 음식이 아닌 것처럼 겉보다는 속, 순간보다 지속할 수 있는 것이 더 큰 배부름을 준다. 보기 좋은 상차림은 기억에 남지만 씹을 수 있는 음식은 몸에 남는다. 보여주기 위한 소비는 금방 잊히지만 곱씹을 수 있는 경험은 오래 남는다.

— 바그너의 경우, 니체 대 바그너
The Case of Wagner, Nietzsche contra Wagner

113

순간의 얕은 자극보다
오래가는 깊이가 더 강하다

눈을 사로잡는 화려한 장면, 귀를 흔드는 큰 소리, 감각을 자극하는 강한 향기처럼 강렬한 자극은 즉각적인 반응을 만든다. 그 순간 심장이 빨라지고 온몸이 살아 있는 것처럼 느껴진다. 하지만 시간이 조금만 지나도 희미해지고 같은 반응을 얻기 위해 더 강한 자극을 찾게 될 뿐이다. 이렇게 사람들은 점점 자극에 둔해지고 결국 더 큰 자극을 갈망하게 된다. 깊이는 정반대다. 깊이는 서서히 스며든다. 처음에는 크게 눈에 띄지 않아도 시간이 지날수록 마음속에 자리를 잡는다. 한 번 마음속 깊이 새겨진 깨달음이나 경험은 시간이 지나도 쉽게 사라지지 않는다. 오히려 시간이 지날수록 삶에 더 큰 영향을 준다. 자극은 흥분을 주지만 깊이는 변화를 만든다. 자극은 오늘의 기분을 바꾸지만 깊이는 내일의 방향을 바꾼다.

— 바그너의 경우, 니체 대 바그너
The Case of Wagner, Nietzsche contra Wagner

114
결정을 내린 뒤 이유를 찾는 것이 인간이다

규칙이란 모두를 같은 기준에서 움직이게 하려고 만들어지는 것이다. 공정함을 지키고 혼란을 막기 위해 세워진 약속이지만 인간은 규칙을 지키는 존재가 아니다. 자신이 원하는 것을 얻기 위해 규칙을 바꾸거나 예외를 만들어 낸다. 겉으로는 새로운 원칙을 세운 것 같지만 실상은 이미 내려진 결정을 합리화하기 위한 장치일 뿐이다. 만약 친구 사이에서 서로의 비밀은 지키자는 규칙이 있다고 하자. 하지만 어느 날 내가 다른 사람에게 친구의 비밀을 말했다. 그 후 나는 어떤 행동을 할까? "걱정돼서 말한 거야", 혹은 "그 사람도 이미 알고 있었어" 같은 이유를 만들 것이다. 말하겠다는 결정을 먼저 하고 그 결정을 지키기 위해 새로운 조건이 나중에 붙는 것이다. 사람은 자신이 원하는 것을 먼저 선택하고 그 선택이 옳아 보이도록 이유를 만든다.

— 바그너의 경우, 니체 대 바그너
The Case of Wagner, Nietzsche contra Wagner

115
꼼수는 해결이 아니라 회피다

쉽게 풀리는 문제가 있는 반면, 그렇지 않은 문제도 있다. 어떤 문제는 시간이 걸리고 깊이 파고들어야 풀린다. 하지만 많은 사람이 그 과정을 피하고 빠른 길을 찾는다. 그 빠른 길이란 대개 꼼수다.

꼼수는 표면적으로는 문제를 해결한 것처럼 보이게 만든다. 겉만 멀쩡해지면 안심하고 속에서 썩어 들어가는 건 보지 않는다. 인간관계에서도 이런 장면은 자주 일어난다. 오랜 갈등은 대화로 풀어야 하지만 선물 하나 혹은 기분 좋은 말 몇 마디로 덮어버린다. 분위기가 풀린 듯 보이지만 문제를 만든 원인은 그대로 남아있다. 꼼수는 해결이 아니라 회피다. 꼼수는 스스로를 속이는 동시에 상황을 더 악화시키는 가장 손쉬운 방법이다. 속을 고치지 않으면 겉은 오래 가지 못한다.

— 바그너의 경우, 니체 대 바그너
The Case of Wagner, Nietzsche contra Wagner

116

진짜 승자는 이긴 순간부터
다시 다음을 준비한다

무언가에서 승리했을 때 사람들은 보통 '끝났다'고 생각한다. 하지만 그 순간은 끝이 아니라 새로운 시작이다. 이겼다는 사실이 안심과 방심을 부르고 그 방심이 그동안 쌓아 올린 것을 무너뜨린다. 한번 승리한 사람이 바로 다음에 밑바닥으로 떨어지는 경우가 있다. 그 이유는 실력이 사라져서가 아니라 승리 후에 자연스럽게 느슨해졌기 때문이다. 이기기 위해 모든 힘을 쏟았지만 이기고 난 뒤에는 그 정도면 됐다는 생각이 스며든다. 승리 그 자체보다 중요한 것은 이긴 뒤의 태도다. 이겼을 때의 기세를 유지하고 부족한 점을 채우고 더 높은 목표를 세울 수 있어야 한다. 진짜 승자는 이긴 순간부터 다시 다음을 준비하는 사람이다.

— 반시대적 고찰
Untimely Meditations

117
성장은 결핍과 불안에서 나온다

만족은 달콤하다. 그 달콤함은 서서히 몸을 무겁게 만들고 정신을 느리게 만든다. 어느 순간부터 더 멀리 가야 할 이유가 사라진다. 성장은 끊임없는 결핍과 불안에서 나온다. 무언가 부족하다는 감각, 아직 도달하지 못했다는 자각이 사람을 앞으로 밀어낸다. 만족은 그 감각을 없애버리는 가장 큰 적이다. 위험한 것은 실패가 아니라 더 나아질 필요가 없다고 믿는 마음이다. 이미 충분하다는 생각은 성장을 삼키는 가장 조용한 독이다.

— 반시대적 고찰
Untimely Meditations

118
경쟁자를 인정할 때 성장의 길이 열린다

경쟁자를 떠올리면 무슨 생각부터 드는가? 적대감부터 느껴질 것이다. 간과해서는 안 되는 것이 있다. 바로, 적대감은 시야를 좁힌다는 사실이다. 그가 가진 장점마저도 결점으로 보기 시작하는 것이 적대감이다.

경쟁자는 위협이면서 동시에 거울이다. 나보다 앞선 부분이 있기에 경계하게 되고 그 부분을 인정할 때 성장의 방향이 드러난다. 그가 가진 기술, 태도, 사유 방식 이 모든 것이 나를 이길 수 있었던 이유이자 내가 배워야 할 점이 되는 것이다. 진정한 경쟁은 상대를 깎아내리는 것이 아니다. 오히려 그로부터 필요한 것을 빼앗아 오는 것이다. 무시하는 것은 쉽지만 인정하고 배우는 것은 어렵다. 경쟁자를 미워하는 마음은 잠깐의 위안을 줄 뿐이다. 강점은 적에게도 있다.

— 반시대적 고찰
Untimely Meditations

119
진짜 위험은 비판이 아니라 자기기만이다

누군가에게 비판을 들으면 인상부터 쓰는 것이 사람이다. 자신의 생각이나 행동이 틀렸다고 지적받는 순간, 마음이 움츠러들고 방어가 앞선다. 그래서 많은 사람은 스스로를 편하게 만들기 위해 비판을 피하려 한다.

비판이 사라지면 불편함도 함께 사라진다. 그리고 그 빈자리를 자기 확신이 채운다. 다른 목소리가 없으니 내 생각이 언제나 옳아 보이는 것이다. 이때부터 사람은 자기 확신에 갇혀 스스로를 속이기 시작한다. 비판은 마음에 들지 않는 모습까지 보여주지만 그걸 봐야만 고칠 수 있다. 진짜 위험은 남의 비판이 아니다. 비판이 사라진 자리에서 자라나는 자기기만이다.

— 반시대적 고찰
Untimely Meditations

120
배움에 끝이 있다고 믿는 건 착각이다

일정한 나이에 이르거나, 어느 정도의 지식과 경험이 쌓이면 이제 다 배웠다는 착각에 빠진다. 배움에는 끝이 없다. 세상은 끊임없이 변하고 어제의 지식이 오늘은 낡은 지식이 된다. 다 알았다고 믿는 순간 귀는 닫히고 시야는 좁아진다.

배움이 멈추면 사람도 멈춘다. 새로운 것을 받아들이지 못하면 결국 과거에 머물게 되기 때문이다. 반대로 자신이 아직 부족하다는 사실을 인정하는 사람은 계속 배울 수 있다. 모른다는 자각이 있어야 질문이 생기고 질문이 있어야 답을 찾게 된다. 진짜 지혜로운 사람은 끝까지 배우려는 태도를 가진 사람이다. 나이가 들어도, 경험이 쌓여도, 언제든 새로운 지식을 받아들이는 사람만이 성장한다.

— 반시대적 고찰
Untimely Meditations

121
문제는 숨긴다고 사라지지 않는다

이 정도면 괜찮다, 곧 나아질 거다, 같은 말로 상황을 덮은 적이 없는가? 문제를 인정하는 것은 불편하기에 그 불편함을 피하려고 스스로를 속인 적이 없는가? 스스로를 속일 때 가장 피해를 보는 것은 바로 자기 자신이다. 겉으로 괜찮은 척할수록 나중에 마주할 현실은 더 무겁고 감당하기 힘들어진다. 덮어둔 문제는 더 깊어진다.

— 반시대적 고찰
Untimely Meditations

122
진짜 적은 바깥이 아니라 내 안에 있다

어떤 문제가 생기면 인간은 먼저 바깥을 확인한다. 상황을 탓하거나 다른 사람을 원망한다. 하지만 오래 들여다보면 진짜 원인은 내 안에 있는 경우가 많다. 게으름, 자만, 두려움, 회피 이런 것들은 눈에 보이지 않는 적이다. 겉으로는 평온하게 보이지만 안에서 조금씩 의지를 약하게 만들고 결국 스스로를 무너뜨린다.

외부의 적은 맞서 싸울 수 있다. 그러나 내부의 적은 내가 그것을 인정하기 전까지 사라지지 않는다. 인정하지 않는 동안 그 적은 나와 함께 걸으며 기회를 노린다. 바깥을 바꾸기 전에 안을 먼저 살펴야 한다. 진짜 싸움은 밖에서 시작하는 것이 아니다. 내 안에서 시작된다.

— 반시대적 고찰
Untimely Meditations

123

변화를 막는 사람과는 단호히 결별하라

겉으로는 지금이 가장 좋다, 괜히 건드릴 필요 없다는 말로 상황을 지키려는 사람들이 있다. 그들은 변화를 위험으로 본다. 불확실성을 두려워한다. 새로운 시도가 시작되려 하면 지금도 잘 되고 있다는 말로 흐름을 끊는다. 이 말은 평화를 위한 조언처럼 들리지만 실은 자기의 안락함을 잃지 않기 위한 방어다. 이들이 원하는 건 발전이 아니라 현상 유지다. 변화를 막고, 불편함을 피하는 사람은 결국 나를 무기력하게 만든다. 그들과 함께 있으면 나도 그 무기력 속에 가라앉는다. 변화를 막는 사람과는 단호히 결별해야 한다. 함께 있으면 무기력도 전염된다.

— 반시대적 고찰
Untimely Meditations

124

불편해도 꼭 해야 할 말이 있다

사람은 대화를 나눌 때 가볍고 즐거운 이야기만 하고 싶어 한다. 분위기가 무거워지는 것을 피하고 서로 불편해지는 상황을 만들고 싶어 하지 않는다. 모든 말을 그렇게 흘려보내다 보면 결국 꼭 해야 할 말까지 묻히고 만다. 관계가 오래가려면 가볍게 웃고 띠드는 대화만으로는 부족하다. 때로는 불편해도 꺼내야 하는 말이 있다. 서로의 기대가 엇갈릴 때, 서운함이 쌓일 때, 책임을 나눠야 할 때 그 말을 하지 않으면 문제는 더 깊어진다. 불편한 대화를 피하는 순간은 잠깐의 평화를 줄지 몰라도 결국 더 큰 갈등으로 이어진다. 용기 내서 해야 할 말을 건네면 신뢰는 더 단단해진다. 불편해도 해야 할 말은 해야 한다.

— 반시대적 고찰
Untimely Meditations

125

단단해 보이는 껍데기가 가장 쉽게 깨진다

말투가 단호하고 행동이 자신감 있어 보이면 강한 사람이라고 생각한다. 그러나 겉모습의 힘이 곧 속마음의 힘을 보장하는 건 아니다. 어떤 사람은 약함을 감추기 위해 더 강한 태도를 만든다. 그것이 진심처럼 보일지라도 그 안에는 상처받을까 두려워하는 마음이 숨어 있다. 자신을 드러내면 이용당하거나 무시당할 것 같아 강한 표정, 단단한 말로 자신을 보호하는 것이다. 문제는 이런 가면이 오래되면 진짜 모습이 잊힌다는 것이다. 겉으로 강한 이미지는 유지되지만 속은 점점 더 외롭고 지친다. 강해 보이는 사람일수록 오히려 속은 더 엉망일 수 있다. 때로는 단단해 보이는 껍데기가 가장 깨지기 쉬운 법이다.

— 반시대적 고찰
Untimely Meditations

126

위대한 것도 결국 보잘것없는 재료에서 나온다

위대한 것은 특별한 근원에서 태어났다고 믿는 사람들이 많다. 하지만 현실은 다르다. 가장 장엄한 것들도 사실은 가장 하찮고 때로는 경멸받던 재료에서 비롯된다. 아름다운 건물은 결국 흙과 돌을 쌓아 올린 것이다. 찬란한 보석도 진흙 속에서 캐낸 돌덩이에 불과하다. 인간의 미덕도 마찬가지다. 이타심은 이기심에서, 진리는 오류에서, 논리는 비논리에서 태어난다. 겉으로는 고귀해 보이는 감정들도 자세히 들여다보면 두려움과 욕망, 본능 같은 낮은 재료와 섞여 있다. 이 사실은 위대함을 깎아내리는 것이 아니다. 오히려 그 보잘것없는 재료를 다듬고 변화시켜 새로운 의미로 빚어냈기에 위대하다. 위대한 것은 특별한 출발이 아니라 흔한 것들을 넘어서는 과정에서 탄생한다. 고귀한 시작은 없다. 고귀해진 과정만 있을 뿐이다.

― 인간적인, 너무나 인간적인 1권
Human, All Too Human I

127

주변 사람의 수준이 곧 나의 수준이다

누군가의 미래를 알아보는 방법은 간단하다. 그 사람을 둘러싼 다섯 명의 평균을 보면 된다. 사람은 결국 가까이 있는 사람을 닮아간다. 술 마시는 친구 세 명과 어울리면 내가 네 번째 술꾼이 된다. 부자 세 명과 어울리면 내가 네 번째 부자가 된다. 향을 싸던 종이는 시간이 지나도 향기를 품고 생선을 매던 새끼줄은 아무리 씻어도 비린내를 버리지 못한다. 사람도 다르지 않다. 깨끗한 사람도 더러운 인연에 오래 닿으면 서서히 썩어간다. 인생을 바꾸고 싶다면 먼저 곁을 바꿔라. 내 곁에 있는 사람의 말투가 내 말투가 되고 그들의 습관이 나의 습관이 된다. 그들의 수준이 곧 나의 수준이 되는 것이다.

지금 당신의 주위에는 어떤 사람들이 있는가? 그들은 존경할 만한 사람들인가? 한 번 되돌아보라.

— 반시대적 고찰
Untimely Meditations

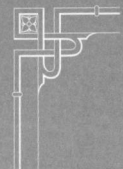

4장

삶의 무게와 태도

128
새벽은 늘 어둠의 끝에서 시작된다

눈에 띄지 않는 자리에서 묵묵히 자신의 일을 이어가는 사람이 있다. 서두르지 않고, 매일 조금씩 앞으로 나아간다. 겉으로는 아무 변화가 없어 보여도 그 발걸음은 멈춘 적이 없다. 아무도 그 노력을 보지 못한다. 빛이 들지 않는 곳, 숨이 막힐 만큼 답답한 환경에서도 긴 시간을 견뎌냈다. 그를 버티게 하는 힘은 언젠가 자신만의 새벽이 올 것이라는 믿음이다. 그날이 오기 전까지 그는 어둠을 두려워하지 않는다. 오히려 그 속에서 자신을 단단하게 다진다.

깊은 어둠을 견뎌낸 사람만이 밝은 새벽을 온전히 맞이할 수 있다.

— 아침놀
The Dawn of Day

129
혼자 버틴 시간이 결국 가장 큰 힘이 된다

살다 보면 누구도 대신해 줄 수 없는 순간이 온다. 중요한 선택을 해야 할 때, 실패를 견뎌야 할 때, 다시 일어설 용기를 찾아야 할 때 결국 혼자가 된다. 그 시간은 외롭고 때로는 버려진 것처럼 느껴지기도 할 것이다.

하지만 바로 그 시간이 사람을 단단하게 만든다. 남에게 기댈 수 없으니 스스로 결정하고, 스스로 책임지며, 스스로 이겨내야 한다. 그 과정에서 얻은 힘은 다른 어떤 도움보다 오래 간다.

혼자라는 건 외로운 상태가 아니다. 오히려 나를 키우는 시간이다. 혼자 버틴 시간이 쌓이면 어떤 어려움 앞에서도 흔들리지 않는 힘이 된다.

― 아침놀
The Dawn of Day

130

확신은 안전해 보이지만 가장 위험하다

누구나 자신이 옳다고 믿을 때 마음이 편하다. 흔들리지 않는 확신은 안전한 울타리처럼 느껴진다. 하지만 그 울타리 안에 오래 머물면 더 이상 밖을 보지 않는다. 문제는 확신이 깊어질수록 스스로를 점검하는 일을 게을리한다는 것이다. 내가 옳다고 믿는 순간, 다시 확인할 필요가 없어진다. 분명 자신이 틀렸음에도 고칠 기회를 놓치게 된다. 확신이 커질수록 스스로를 의심하지 않고 오히려 그 확신을 지키기 위해 더 많은 이유를 끌어모은다. 그러나 그 이유들은 새로운 사실을 받아들이기 위한 것이 아니라 이미 내린 결론을 방어하기 위한 핑계에 불과하다. 부드러운 것은 구부러지지만 단단한 것은 부러지는 것처럼 때때로 확신은 나를 지켜주는 힘이 아니라 나를 가두는 벽이 된다.

— 아침놀
The Dawn of Day

131

갈등을 피하면 평화는 남지만 성장은 사라진다

겉으로 보기에 모순은 틀린 것 같고 피해야 할 결함처럼 보인다. 하지만 세상을 움직이는 힘은 오히려 그 모순 속에서 나온다. 자연을 보라. 밤과 낮, 더위와 추위가 번갈아 오며 계절을 만든다. 역사를 보라. 혁명은 평온한 시기에 일어나지 않는다. 불만과 갈등이 쌓일 때, 즉 모순이 최고조에 달할 때 변화가 터져 나온다.

우리의 삶도 같다. 안정만 추구하면 삶이 나아지지 않는다. 지독한 고통 속에서 새로운 삶이 시작된다. 갈등 안에서 진짜 이해가 깊어진다. 모순은 서로 다른 가치가 부딪히는 경계다. 그리고 늘 그 경계에서 새로운 해답이 태어난다. 이 불편한 사실을 외면하면 세상을 절반만 이해하는 것이다. 모순을 받아들이는 순간 삶은 더 넓어진다.

— 아침놀
The Dawn of Day

132
지나간 것을 붙잡는 순간, 후회가 시작된다

사람들은 한때 중요하게 여겼지만 지금은 힘을 잃은 것을 되살리려 한다. 그것이 전통이든 한때 유행했던 방식이든 혹은 과거의 관계든 다시 불러오면 예전처럼 빛날 거라 믿는다. 하지만 이미 힘을 잃은 것은 미련 없이 보내야 한다. 겉으로는 멋져 보여도 안은 비어 있는 경우가 많다. 과거를 되살린다는 이름으로 껍데기만 번지르르하게 꾸미는 일은 거짓된 일이다. 아무리 '좋았던 것'처럼 보일지라도 다시 손에 쥐는 순간 반드시 후회한다. 완전 새로운 길을 가기 위해서는 이미 지나간 것은 과감히 버릴 수 있어야 한다. 돌아가지 않는 것이야말로 앞으로 나아가는 가장 빠른 첫걸음이다.

— 아침놀
The Dawn of Day

133

속도가 전부일 때 가장 먼저 사라지는 건 깊이다

사회는 늘 속도를 높이라고 말한다. 책을 얼마나 빨리 읽는지, 일을 얼마나 빨리 끝내는지, 대화를 얼마나 짧게 하는지가 평가 기준이 된다. 빨리 끝내는 것이 곧 효율이라고 믿는다. 하지만 속도는 깊이를 앗아간다. 겉을 훑는 일은 빠르지만 안으로 들어가는 일은 시간이 걸린다. 좋은 책 한 권을 온전히 이해하려면 반복해서 읽어야 하고, 문제의 뿌리를 찾으려면 멈춰서 바라보아야 한다. 사유는 단거리 경주가 아니라 오래 걷는 일이다.

　빨리 끝내려는 습관은 생각을 얕게 만든다. 결론을 서두르면 그 결론이 옳은지 확인할 기회도 잃는다. 속도가 전부가 된 세상에서 가장 먼저 사라지는 것은 깊이다.

— 아침놀
The Dawn of Day

134
영원히 옳은 생각은 없다

예전에는 몸에 좋다고 먹던 음식이 지금은 해롭다고 알려지고 예전에는 지혜라 불렸던 말이 지금은 낡은 고집으로 취급되기도 한다. 모두가 맞다고 믿었던 생각이 시간이 지나면 틀린 것이 되고는 한다. 생각은 시대나 상황에 따라 달라진다. 내가 오늘 확신하는 것도 내일은 정답이 아닐 수 있다. 지금은 옳아 보이지만 환경이나 시대가 바뀌면 더 이상 옳은 것이 되지 않는다. 늘 마음속에 여지를 남겨야 한다. 확신 대신 의심을 품고 언제든 다시 배우고 고칠 수 있다는 마음을 가져야 한다. 그래야 생각이 멈추지 않고 살아 움직일 수 있다. 영원히 맞는 생각은 없다.

— 아침놀
The Dawn of Day

135

세상을 어둡게 그릴수록 가능성은 줄어든다

사람은 종종 세상을 실제보다 더 어둡게 본다. 작은 결함 하나가 보이면 그것이 전부를 망가뜨린 것처럼 느낀다. 일이 잘못되기 시작하면 앞으로 벌어질 모든 일도 다 실패할 거라 단정한다. 마치 유리창에 난 한 줄 금이 집 전체를 무너뜨릴 신호인 것처럼 생각하는 것이다. 이런 과장은 진실을 왜곡한다. 불필요한 비관은 마음을 닫게 만들고 행동할 의지를 앗아간다. 시도할 수 있는 방법이 눈앞에 있어도 시도조차 하지 못하게 만든다. 상황을 있는 그대로 볼 때만 문제의 크기를 정확히 알 수 있고 해결책도 찾을 수 있다. 세상을 필요 이상으로 어둡게 그리는 순간 그 속에서 가능성과 희망의 자리도 함께 사라진다. 빛이 없는 그림에는 출구도 보이지 않기 때문이다. 세상을 있는 그대로 봐야 한다. 세상은 그다지 어둡지 않다.

— 아침놀
The Dawn of Day

136

어떤 것도 그냥 주어지는 것은 없다

우리가 당연하게 누리는 것들은 사실 쉽게 얻어진 것이 아니다. 지금의 안전, 편안한 하루, 마음 놓고 숨 쉴 수 있는 평온함도 그냥 생긴 것이 아니다. 그 뒤에는 누군가의 노력과 수고, 때로는 커다란 대가가 있었다.

길 하나가 생기기까지는 수많은 손길이 필요했을 것이다. 오늘의 편안한 하루도 누군가의 노력과 시간이 쌓여 만들어진 것이다. 하지만 시간이 지나 익숙해지면 그 사실을 잊는다. 익숙해지는 순간 당연하다고 생각하게 된다.

잊지 말아야 한다. 지금 내가 누리는 모든 것은 누군가의 땀과 수고가 만든 결과다. 세상에 그냥 주어지는 것은 없다.

— 아침놀
The Dawn of Day

137

타인의 시선을 두려워하지 않아야 감춰진 것을 볼 수 있다

사람들은 대체로 눈치를 보며 산다. 많은 사람이 믿는 것을 함께 믿는다. 다수의 의견에 동의하면 안심이 되고 주변과 비슷하게 행동하면 안전해 보인다.

그렇게 살면 중요한 사실을 보지 못한다. 잘못된 일도 다수가 맞다고 하면 그대로 따라가고 의문이 생겨도 입을 다물게 된다. 남의 시선이 두렵기 때문이다. 진실은 늘 편한 자리에 있지 않다. 사람들이 외면하거나 두려워하는 곳에 숨어 있는 경우가 많다. 이 현실을 제대로 보려면 타인의 시선을 견뎌야 한다. 때로는 고립도 감수해야 하고 비난을 버텨야 한다.

눈치를 보면 편하다. 그러나 그 편안함은 현실을 제대로 볼 수 없게 만든다. 남의 시선을 두려워하면 진짜 중요한 것을 볼 수 없다.

― 인간적인, 너무나 인간적인 1권
Human, All Too Human I

138

기회는 오는 것이 아니라 쟁취하는 것이다

당신이 원하는 것이 있다고 한들 세상이 그것을 쉽게 건넬 거 같은가? 절대 그렇지 않다. 세상은 원하는 것이 있어도 쉽게 주지 않는다. 아무리 기다려도 오지 않는다. 기회가 올 때까지 멈춰 있겠다는 것은 결국 가지지 않겠다는 뜻이다. 스스로 움직여야 한다. 길이 없으면 직접 만들고 빛이 없으면 불을 피워야 한다. 원하는 것이 있다면 직접 찾으러 나서야 한다. 남이 나에게 무엇인가를 주기를 기다리지 않을 때 결핍은 약점이 아니라 가능성이 된다. 스스로 만들 줄 아는 사람은 상황을 선택할 수 있지만 남이 주기만을 기다리는 사람은 상황에 끌려다니기 때문이다. 스스로 쟁취하는 힘이 당신을 세상의 주인으로 만든다. 네가 찾는 것이 보이지 않는다면 스스로 만들어라. 세상은 네 결핍을 채워주지 않는다.

— 인간적인, 너무나 인간적인 1권
Human, All Too Human I

139

때로는 스스로를 속여야만 살아갈 수 있다

삶은 진실만으로는 버티기 어려울 때가 있다. 그럴 때 필요한 건 스스로를 속이는 것이다. 희망이 없을 때, 희망이 있다고 믿는 것. 버틸 이유가 없을 때, 이유가 있다고 믿는 것. 삶은 기만을 원한다. 때로는 기만 위에서만 버틸 수 있기 때문이다. 기만은 거짓이 아니다. 부서지지 않기 위해 필요한 완충재다. 이 속임은 스스로를 속이는 것이 아니라 살아남을 틈을 만드는 일이다. 마음이 깨지지 않게 하는 약간의 틈이다. 진실은 항상 무겁기에 잠시 그 무게를 내려놓아야 다시 걸어갈 힘을 찾을 수 있다. 때로는 눈을 감는 것이 끝까지 가는 방법이다. 삶은 기만을 원한다.

— 인간적인, 너무나 인간적인 1권
Human, All Too Human I

140

혼자 버틸 수 있어야 함께할 때도 단단하다

때로는 아무도 곁에 없을 것이다. 기쁨을 나눌 사람도 고통을 들어줄 사람도. 그 빈자리는 생각보다 크고 무거울 것이다. 그럴 땐 상상으로라도 만들어야 한다. 마음속에서 대화를 나눌 동료를 상상하고 웃어줄 사람과 나를 위로해 줄 사람을 상상해야 한다. 그들은 실세로 존재하지 않지만 고독이 나를 무너뜨리려 할 때 붙잡아 준다. 외로움은 사라지지 않는다. 하지만 혼자 버틸 힘이 생기면 곁에 아무도 없어도 무너지지 않는다, 혼자 버틸 수 있는 사람만이 함께할 때 더 단단하다.

— 인간적인, 너무나 인간적인 1권
Human, All Too Human I

141
자유는 주어지는 게 아니라 스스로 얻는 것이다

자유는 누군가가 선물처럼 건네주는 게 아니다. 스스로 익숙한 것을 버리고 두려움을 넘어서야 얻을 수 있다. 의지하던 습관, 오래 지켜온 방식, 남들이 다 따라가는 길을 의심해야 한다. 처음에는 불편할 것이다. 익숙한 방식을 내려놓으면 당장은 어색하다. 하지만 그 과정을 견디면 점점 달라진다. 처음엔 두렵던 선택이 시간이 지나면서 내 힘이 된다. 혼자 내린 결정은 자신감으로 바뀐다. 남이 정해준 답이 아니라 내가 선택한 길 위에 서 있다는 사실이 삶을 단단하게 만든다. 자유는 화려한 말이나 먼 이상이 아니다. 작은 습관을 바꾸고 타인의 시선을 이겨내며 스스로 책임을 지는 순간 조금씩 얻어지는 것이다.

자유는 기다린다고 해서 오지 않는다. 직접 나서야만 손에 들어온다.

— 인간적인, 너무나 인간적인 1권
Human, All Too Human I

142

어려운 순간을 겪어야
스스로에 대한 믿음이 생긴다

평온할 때는 자신이 어떤 사람인지 잘 모른다. 편안한 자리에 있으면 굳이 자신을 시험할 이유가 없기 때문이다. 고난이 찾아오면 이야기가 달라진다. 도망칠지, 버틸지, 끝까지 해낼지 스스로 선택해야 한다.

그 과정은 힘들고 혼란스럽다. 확신은 사라진다. 마음속에는 의심만이 가득 찬다. 내가 잘할 수 있을까? 이 길이 맞을까? 끊임없는 질문 속에서 고독도 커진다.

쉽진 않지만 그 순간을 버티면 결국 알게 된다. 어려움을 이겨낸 경험은 그 어떤 설명보다 강한 증거가 된다는 것을. 내가 스스로 해냈다는 사실은 스스로에게 믿음이 되어준다. 어려운 순간은 단순한 시련이 아니다. 내가 나를 믿게 되는 과정이다.

— 인간적인, 너무나 인간적인 1권
Human, All Too Human I

143

머물 줄도 떠날 줄도 아는 것이
성숙한 인간이다

자신만의 햇살 속에 앉아 새처럼 자유로운 사람을 본 적이 있는가? 멀리 볼 수 있는 눈과 쉽게 꺾이지 않는 생기를 가지고 있는 사람을 본 적이 있는가? 성숙한 인간이란 그런 것이다. 사랑과 미움에 휘둘리지 않는 것. 예와 아니오를 쉽게 내뱉지 않는 것.

멀리 본다는 것은 무시함이 아니다. 무엇이 중요한지 무엇을 피해야 하는지 구분하는 힘이 있다는 것이다. 성숙한 인간은 다가갈 때와 물러날 때를 안다. 필요하면 곁에 머물지만 그렇지 않으면 미련 없이 날아간다. 이 여유는 아무것도 바라지 않는 마음에서 온다. 얽히지 않기 때문에 더 멀리 보고 더 넓게 움직일 수 있다. 성숙한 인간은 머물 줄도 알고 떠날 줄도 안다.

— 인간적인, 너무나 인간적인 1권
Human, All Too Human I

144
아픔을 겪어야 사소한 것이 선물이 된다

오랫동안 몸이 아프거나 지독한 고통 속에 있으면 세상이 느리게 가는 것처럼 느껴진다. 지독할 만큼 길게 느껴지던 고통이 지나고 나면 무엇이 남을까. 새로운 눈이다. 마치 처음으로 눈을 뜬 사람처럼 주변의 모든 것들이 다르게 보인다. 평범했던 길이 아름답게 보이고 당연하던 풍경이 새롭게 느껴진다. 햇살이 비치는 벽, 창밖의 바람 소리 같은 작은 것들이 마음을 채운다. 그동안 놓쳤던 것들이 사실은 늘 곁에 있었다는 걸 깨닫는다. 지독하게 괴로운 시간을 보내고 나면 작은 것에 감사할 줄 아는 사람이 된다.

— 인간적인, 너무나 인간적인 1권
Human, All Too Human I

145
내 장점이 오히려 나를 가둔다

사람은 흔히 자신의 약점을 고치느라 애쓴다. 하지만 때로는 약점보다 오히려 장점이 더 큰 속박이 된다는 것을 알고 있는가? 좋은 점이 있으면 사람들은 그 모습만 기대한다. 누군가가 늘 참고 양보하는 성격 덕분에 좋은 사람이라고 불린다면 그 사람은 늘 참아야 하고 늘 착해야 한다는 강박이 생긴다. 자신의 장점이 자신을 가두는 울타리가 되는 것이다. 정작 해야 할 말을 하지 못하고 떠나야 할 자리에서 떠나지 못하게 된다. 진짜 자유는 장점을 내가 필요할 때만 꺼내 쓰는 것이다.

참고 싶을 때 참고 떠나야 할 때는 떠나야 한다. 성실해야 할 때는 성실하지만 쉬어야 할 때는 쉬어야 한다. 그렇게 장점을 내 손안의 도구로 만들어야 장점은 빛을 발한다.

— 인간적인, 너무나 인간적인 1권
Human, All Too Human I

146

진정한 관계는 애정과 비판이 함께한다

사람들은 종종 깊이 아끼는 사람에 대해서는 비판할 수 없다고 생각한다. 우정은 비판을 해서는 안 되며 존경은 판단을 흐리게 하지 않는다고 믿는다. 그러나 진정한 관계는 반대다. 애정과 존경 속에서도 때로는 그 사람의 본질을 꿰뚫는 시선이 필요하다. 가까운 관계에서의 비판은 배신이 아니다. 상대를 가볍게 보는 것이 아니라 그 사람의 본질을 더 정확히 보려는 시도다. 마음이 가까울수록 우리는 표면이 아니라 뿌리를 본다. 그리고 뿌리를 보는 순간 마침내 그 사람을 온전히 이해할 수 있다. 오히려 진실한 우정일수록 그 속에 비판이 깃든다. 사랑과 통찰은 함께 존재할 수 있기 때문이다.

— 바그너의 경우, 니체 대 바그너
The Case of Wagner, Nietzsche contra Wagner

147

처음한 일이 잘 안돼도
다른 길에서 성공할 수 있다

살다 보면 처음 선택한 길에서 실패할 때가 있다. 최선을 다해도 결과가 기대만큼 나오지 않거나 나와 맞지 않는다는 걸 뒤늦게 깨닫기도 한다. 하지만 재능은 꼭 처음 시작한 자리에서만 드러나는 게 아니다. 한 길에서 막히면 전혀 다른 길에서 빛을 발할 수도 있다. 글을 쓰던 사람이 그림으로 자신을 표현하기도 하고 학문을 공부하던 사람이 사람을 다루는 일에서 더 큰 성취를 이루기도 한다.

중요한 건 처음에 무엇을 시작했는지가 아니다. 결국 내가 어디에서 내 능력을 살리는가가 중요하다. 실패는 재능이 없다는 증거가 아니라 다른 길을 찾으라는 신호일 뿐이다. 처음 한 일이 잘 안됐다고 해서 너무 두려워하지 마라. 재능은 생각보다 더 넓다. 처음한 일이 잘 안돼도 다른 길에서 성공할 수 있다.

— 바그너의 경우, 니체 대 바그너
The Case of Wagner, Nietzsche contra Wagner

148

의심은 불신이 아니라 안전장치다

흔히 의심을 부정적으로 바라본다. "왜 나를 못 믿어?"라는 말에서 드러나듯 의심은 신뢰를 해치는 태도로 여겨진다. 의심은 상대를 무너뜨리려는 게 아니다. 오히려 나 자신을 지키고 더 나은 판단을 돕는 장치다.

자동차에 안전벨트가 있듯이 의심은 사고를 막아주는 최소한의 장치다. 무조건 믿는 것이 용기처럼 보이지만 아무런 검토도 하지 않는 믿음은 가장 위험하다. 작은 의심은 확인으로 이어지고 그 확인이 잘못을 걸러낸다. 오히려 신뢰를 깨뜨리는 게 아니라 신뢰를 단단하게 만드는 것이다. 여러 번 확인해도 변하지 않는 사실만이 진짜 믿을 만한 것이 되기 때문이다. 진짜 위험한 건 의심이 아니라 무조건적인 확신이다. 의심이 있어야 더 안전하게 앞으로 나아갈 수 있다.

— 바그너의 경우, 니체 대 바그너
The Case of Wagner, Nietzsche contra Wagner

149

변화는 오랜 준비 끝에 드러난다

사람이 변하는 순간은 번개처럼 찾아오는 것이 아니다. 눈에 띄지 않는 작은 차이들이 매일 쌓이고, 마음속에서 수많은 갈등과 질문이 오가며, 오래 묵은 생각들이 서서히 모양을 바꾼다. 겉으로는 아무 일 없던 것처럼 보이지만 안에서는 새로운 길이 조금씩 다져지고 있는 것이다. 그러다 어느 날, 그 변화가 겉으로 드러나면 사람들은 갑자기 달라졌다고 말한다. 하지만 그 순간은 단지 오랜 과정이 세상에 모습을 드러낸 시점일 뿐이다. 나무가 어느 날 갑자기 자라는 것이 아니라, 땅속에서 오랫동안 뿌리를 뻗어온 것처럼 말이다.

누군가가 달라졌다면 그것은 우연한 사건이 아니라 오랜 준비 끝에 맺은 결실이다. 변화는 늘 서서히 다가온다. 다만 우리가 뒤늦게 눈치챌 뿐이다. 인간은 한순간에 바뀌지 않는다.

— 바그너의 경우, 니체 대 바그너
The Case of Wagner, Nietzsche contra Wagner

150

말은 늘 자신을 보호하거나
이득을 챙기는 방향으로 흘러간다

말은 단순한 소통 수단이 아니다. 누군가와 대화할 때 무의식적으로 자신의 이미지를 지키고 손해 보지 않으려 애쓴다. 그래서 진실을 말한다고 해도 있는 그대로 드러내지 않고 조금은 다듬고 덧칠을 한다. 가까운 사이일수록 이 본능은 더 두드러진다. 솔직하게 말하는 척하면서 사실은 관계를 깨뜨리지 않을 만큼만 솔직하다. 나를 조금 더 괜찮은 사람으로 보이게 할 만큼만 진실하다. 결국 언어는 사실 전달이 아니라 자기방어를 하기 위한 장치일 뿐이다. 말은 언제나 자신을 지키는 쪽으로 흘러간다. 이것이 인간의 본능이자 언어의 성격이다.

— 바그너의 경우, 니체 대 바그너
The Case of Wagner, Nietzsche contra Wagner

151
사소한 말이 말한 사람의 본능을 폭로한다

우리는 누군가를 오래 알았다고 해서 그 사람을 다 이해했다고 착각한다. 하지만 진짜 속마음은 오히려 사소한 말에서 더 분명히 드러난다. 큰 이야기 속에서는 사람마다 적당히 포장하고, 애써 균형 잡힌 태도를 유지한다. 그러나 무심히 튀어나온 표현에는 그 사람이 감추려던 본성이 스며든다.

친구와의 잡담 속에서 튀어나온 불평, 자기소개 중 무심코 붙인 수식어, 농담이라며 던진 한마디가 그렇다. 듣는 이는 대수롭지 않게 넘기지만 그 안에는 욕망과 두려움, 자부심이 고스란히 담겨 있다. 작은 말은 결코 가볍지 않다. 오히려 긴 설명보다 더 날카롭게 마음의 밑바닥을 보여준다. 사람을 알고 싶다면 무심한 한마디에 귀 기울여야 한다. 사소한 말이 그 사람의 본능을 폭로한다. 그것은 언제나 가장 솔직한 자백이다.

— 바그너의 경우, 니체 대 바그너
The Case of Wagner, Nietzsche contra Wagner

152

먼저 이해하라, 그다음에 평가하라

우리는 그 누구든지 비난할 수 있고 조롱할 수 있다. 하지만 다른 길을 선택하는 사람들이 있다. 조롱하지도 않고 한탄하지도 않고 혐오하지도 않는다. 그들이 선택하는 것은 오로지 이해다. 이해는 동정이 아니다. 이해는 판단을 미루는 것이 아니다. 그것은 판단이 설 수 있는 단 하나의 토대다. 이류를 모른 채 내린 평가는 모래 위에 세운 집과 같다. 누군가를 이해하려 애쓴다는 것은 그의 결핍, 그가 태어난 환경, 그가 택한 길과 살아온 삶을 모두 보는 것이다. 이해 없이는 어떤 평가도 진실에 닿지 않는다. 조롱과 혐오는 쉽다. 그러나 그것은 아무것도 남지 않는다. 이해는 어렵다. 그러나 올바른 이해만이 온전한 평가를 가능하게 한다. 누군가를 평가하기 앞서서 먼저 해야 하는 것은 이해다.

— 바그너의 경우, 니체 대 바그너
The Case of Wagner, Nietzsche contra Wagner

153

내면의 충돌은 고통스럽지만
그 고통이 곧 성장이다

살면서 크고 작은 갈등을 피할 수 없다. 그 갈등이 외부에서 일어나는 경우도 있지만 나의 내면에서 일어나는 경우도 많다. 한쪽 마음은 안전하게 머물고 싶어 하고 다른 한쪽은 새로운 것을 시도하라고 부추기는 것이다. 서로 다른 두 마음이 부딪힐 때 인간은 괴롭다. 머릿속이 복잡해지고 쉽게 결정을 내리지 못한다. 많은 사람이 이런 충돌을 자신이 약해서 생기는 문제라고 생각한다. 그렇지 않다. 그 싸움은 누구에게나 일어나는 자연스러운 과정이다. 내면의 충돌은 불편하고 힘들지만 바로 그 불편함이 나를 앞으로 나아가게 한다. 흔들리며 고민하는 시간이 쌓일수록 더 단단해지고 더 나은 선택을 할 수 있게 된다. 나를 성장시키는 건 내면의 충돌이다.

— 바그너의 경우, 니체 대 바그너
The Case of Wagner, Nietzsche contra Wagner

154

위대한 사람은 말이 아니라
행동으로 자신을 증명한다

누구나 다 무엇이 옳은지는 잘 알고 있다. 정의, 용기, 희생, 책임 같은 가치를 말로 하는 것은 어렵지 않다. 그러나 세상에는 말과 행동이 따로 노는 경우가 훨씬 많다. 올바른 말을 하지만 정작 자신은 그 말대로 살지 않는 것이다.

진짜는 행동에서 드러난다. 아무 말 없이도 남을 돕는 사람, 약속을 굳이 강조하지 않아도 지키는 사람, 드러내지 않아도 묵묵히 책임을 다하는 사람은 이미 삶으로 자신을 증명하는 것이다. 행동이야말로 그 사람이 어떤 사람인지를 가장 분명히 보여준다. 말은 화려할 수 있다. 그러나 시간이 지나면 잊힌다. 반대로 행동은 영원히 기억에 남는다. 작은 행동 하나가 수많은 말보다 강력하게 사람들의 마음을 움직인다. 위대한 사람은 말이 아닌 행동으로 증명하고 설득한다.

— 바그너의 경우, 니체 대 바그너
The Case of Wagner, Nietzsche contra Wagner

155
약함은 숨길수록 더 눈에 띈다

사람들은 자신의 불안을 감추기 위해 목소리를 높이고 불완전함을 가리기 위해 화려한 포장을 두른다. 그러나 약함은 숨기려 할수록 더 눈에 띈다. 어떤 연출도 오래갈 수 없기 때문이다. 지나치게 꾸민 태도, 과장된 말투, 필요 이상으로 거창한 장면은 오히려 보는 이로 하여금 무언가를 감추고 있다는 생각을 하게 만든다. 타인을 속이려는 시도는 곧 자기 자신을 속이는 것으로 진화한다. 하지만 그 속임수 역시 오래갈 수 없고, 본모습이 새어 나온다. 그 틈은 작지만 거짓의 무대를 무너뜨리기엔 충분하다. 진정한 힘은 있는 그대로 자신의 결점을 견디는 데서 나온다. 거짓된 연기로 세운 탑은 결국엔 무너지고 본질이 드러난다. 결국 무너진 무대 위에 남는 것은 초라한 나뿐이다.

— 바그너의 경우, 니체 대 바그너
The Case of Wagner, Nietzsche contra Wagner

156

문제의 크기는 시야의 각도에 달려 있다

우리가 바라보는 모든 것의 크기는 절대적이지 않다. 가치, 관계, 문제, 감정 모두 다 똑같다. 행복의 가장 높은 지점과 불행의 가장 낮은 지점 사이의 거리는 오직 나의 관점이 만들어내는 것이다. 사람 사이의 오해도, 삶을 짓누르는 문제도 결국 나의 시선에 따라 달라진다. 멀리서 보면 거대한 장벽 같던 것도 가까이 다가가면 작은 담장에 불과할 수 있다. 반대로 하찮아 보였던 것이 가까이서 보면 삶 전체를 뒤흔드는 힘을 가질 수도 있다. 하지만 우리는 종종 한 위치에 서서 같은 각도로만 세상을 바라본다. 가까이에서만 문제를 보면 사소한 일도 거대한 벽처럼 느껴지고 멀리서만 바라보면 심각한 일도 대수롭지 않게 여겨진다. 시야가 고정되면 대상의 크기가 왜곡되기 때문이다. 대상을 제대로 보려면 멀리서도 보고 가까이에서도 봐야 한다.

— 아침놀
The Dawn of Day

157

선구자는 늘 이상한 사람 취급을 받는다

인간 사회는 언제나 예측 가능성을 안전의 토대로 삼아왔다. 모두가 같은 방식으로 말하고 행동하고 생각할 때 공동체는 안정을 느낀다. 그래서 그 틀에서 벗어나는 모든 것은 이유가 무엇이든 위협으로 간주 된다. 새로운 생각과 방식은 변화를 일으킬 가능성이 담겨 있기 때문이다. 이 때문에 자유롭고 독창적인 사람은 그 의도가 아무리 선해도 위험한 존재로 취급된다. 예측 불가능하다는 사실 때문이다. 예측할 수 없는 것은 통제할 수 없고 통제할 수 없는 것은 두려움이 된다. 새로운 것은 늘 두려움의 대상이 된다. 새로운 길을 만드는 사람이 늘 이상한 사람 취급을 당하는 이유다. 선구자는 언제나 외롭다.

— 아침놀
The Dawn of Day

158

두려움은 무지 속에서 자라고
이해 속에서 사라진다

결과를 예측할 수 없는 상황이 두려운 이유는 그 끝이 어떻게 될지 모르기 때문이다. 사람이 주저하고 경계하는 것은 대부분 알지 못하는데서 시작된다. 이유를 아는 순간 이야기는 달라진다. 막연한 불안은 구체적인 사실 앞에서 힘을 잃는다. 정체를 알 수 없던 그림자가 실체를 드러내면 그것이 아무리 크고 위협적이어도 대처할 방법을 찾을 수 있다. 두려움은 무지 속에서 자라고 이해 속에서 사라진다. 세상을 알면 알수록 용기가 생기는 것도 그 때문이다.

— 아침놀
The Dawn of Day

159

무지보다 더 위험한 것은 잘못된 지식이다

무언가를 모르는 것이 가장 위험하다고 생각할 것이다. 그러나 실제로 더 무서운 것은 잘못된 지식이다. 모른다고 말하면 배울 기회가 열리고 새로운 정보를 받아들일 수 있다. 하지만 잘못된 지식은 다르다. 이미 안다고 믿기 때문에 더는 새로운 것을 받아들이지 않는다. 겉보기에 그럴듯한 정보는 사람을 안심시킨다. 의심을 멈추게 하고 깊이 파고들 필요가 없다고 느끼게 한다. 그렇게 쌓인 확신은 큰 오류로 이어진다. 잘못 아는 것이 진짜 위험한 이유다.

인간이 실수를 저지르는 이유 중 상당수는 무지 때문이 아니다. 자신이 옳다고 굳게 믿으면서도 그 믿음의 근거를 확인하지 않았기 때문이다. 무지는 질문을 남기지만 잘못된 지식은 잘못된 확신만 남긴다. 무지보다 더 위험한 것은 잘못된 지식이다.

— 아침놀
The Dawn of Day

160

원인을 바로 보지 못하면
결과도 바로잡을 수 없다

문제를 고치려면 먼저 왜 그런 일이 생겼는지부터 살펴봐야 한다. 결과를 바꾸고 싶다면 그 결과를 만든 첫 단추가 어디서 잘못 끼워졌는지를 찾아야 한다. 사람 사이의 일도 마찬가지다. 말 한마디가 날카로웠다는 이유만을 탓하면 진짜 원인을 찾을 수 없다. 기대를 하고 실망하고 오래된 오해가 쌓여서 날카로워졌다는 사실은 놓치게 되는 것이다. 문제는 언제나 겉으로 드러난 것에서만 비롯된 것처럼 보인다. 하지만 보이지 않는 곳에 다른 이유가 있다. 원인을 바로 보지 못하면 결과만 탓하게 되고 결국 계속 같은 문제만 반복된다. 삶의 문제가 대부분 그렇다. 제대로 원인을 파악하지 못하면 해결은 늘 빗나간다.
뿌리를 보지 못하면 가지 손질은 끝이 없다.

— 아침놀
The Dawn of Day

161

우연에 죄를 덮어씌우지 마라

만약 당신의 삶에 고난이 찾아왔다고 해보자. 당신의 삶에 상실이 찾아왔다고 해보자. 그럼 이제 당신은 무엇을 하겠는가? 이유를 찾기 시작할 것이다. 내가 무엇을 잘못했기에 이런 일이 일어난 거냐며 자책할 것이다. 하지만 우연히 일어난 일에도 죄를 묻기 시작하면 세상은 불필요하게 무거워진다. 아무도 통제할 수 없는 일의 책임을 씌우려고 하면 잘못을 찾는 데만 몰두하고 진짜 이유를 보지 못한다. 그저 우연히 일어난 일일 뿐이다. 그저 우연히 일어난 일에 원인을 찾아 죄를 덮어씌우는 짓은 그만할 때다. 죄 없는 일에 죄를 씌우지 말라. 왜 스스로에게 벌을 주는가? 불필요한 벌에서 벗어나야 삶이 가벼워진다.

— 아침놀
The Dawn of Day

162

진짜 길은
세상이 당신에게 등을 돌릴 때 시작된다

위대한 길을 가고자 한다면 먼저 세상이 정해둔 법과 질서에서 벗어날 각오를 해야 한다. 그 법은 단지 글로 적힌 규칙이 아니라 사람들이 오랫동안 옳다고 믿어온 생각, 습관, 말과 행동의 방식까지 포함한다. 그 경계를 넘어서는 순간 당신은 낯선 사람 취급받을 것이다. 당신을 위험한 존재로 보거나 미쳤다고 할 것이다. 당신이 하는 말을 모두 믿지 않을 것이다. 그 고립 속에서 의심은 커질 것이다. 고통은 더욱 깊어질 것이다. 세상이 당신에게 등을 돌렸다고 느낄 것이다. 하지만 스스로를 믿기 위해선 끝없는 싸움이 필요하다. 세상이 당신에게 등을 돌릴 때 진짜 길이 시작된다.

— 아침놀
The Dawn of Day

163

고통을 피할 수 없다면
고통을 바라보는 시선을 바꿔라

고통이 힘든 이유는 무게 그 자체보다, 그 무게에 우리가 붙인 의미 때문이다. 고통을 벌이나 저주가 아니라 나를 단련하는 과정으로 바라보면 이야기가 달라진다. 칼날이 단단해지려면 불과 망치질을 견뎌야 하듯 고통은 나를 더 강하고 단단하게 만드는 훈련이 된다. 같은 고통이라도 다르게 바라보면 버틸 힘이 생긴다. 고통을 피할 수 없다면 고통을 받아들이는 자세를 바꿔야 한다. 고통은 나를 주저앉히는 힘이 아니라 나를 단련시켜 더 멀리 나아가게 하는 힘이다.

— 아침놀
The Dawn of Day

164

규칙이 없는 자유는 자유가 아니다

사람은 아무 제한이 없으면 오히려 방향을 잃는다. 하고 싶은 대로만 하면 처음에는 자유로워 보여도 곧 어디로 가야 할지 모르게 된다. 규칙은 속도를 늦추고 때로는 불편하게 만든다. 하지만 그 불편함이 길을 잃지 않게 하고 다시 돌아올 수 있는 방향이 되어준다. 완벽하지 않은 규칙이라도 없는 것보다는 낫다. 나만의 규칙이 있어야 인생에서 방향을 잃지 않는다.

― 이침놀
The Dawn of Day

165

고통을 견디는 흔적은
여전히 우리 안에 남아 있다

아주 오래전 사람들은 행복을 위험하게 여겼다. 웃는다는 것은 방심의 신호였고 평화로운 건 나태하게 여겼다. 오히려 고통을 견디는 모습이 신에게도 호의를 얻는 길이라고 생각했다. 몸을 학대하고 스스로를 굶기고 일부러 불편한 길을 선택하는 사람이 칭찬받았다. 행복을 드러내는 것은 불운을 부르는 일이라 여겨졌기에 고통을 견디는 것이야말로 자랑이었다. 이 믿음이 수천 년 동안 사람들의 마음속에 깊게 새겨졌다. 세대가 바뀌고 시대가 변해도 그 흔적은 쉽게 사라지지 않았다. 그래서 오늘날에도 우리는 고통을 견디는 모습을 미덕이라고 여긴다. 마치 그것이 나를 강하게 보이게 하는 증거라도 되는 듯이 말이다. 상처는 훈장이 되고 행복은 사치가 된다.

— 아침놀
The Dawn of Day

166

경험 없는 말은 공허하다

사람은 겪어보지 않은 일에 대해서도 쉽게 말한다. 하지만 겪어보지 않고 말하는 것은 절반도 이해하지 못하는 것이다. 겉모습만 알고 하는 말은 깊이도 무게도 없다. 진짜 이야기는 살아낸 그 사람만이 알고 있다. 얼마나 아팠는지, 얼마나 오래 갔는지, 그리고 그 끝에서 무엇을 배웠는지는 겪어본 사람만이 안다. 겪어보지 않았다면 아는 척을 하는 대신 차라리 듣기만 하는 것이 더 낫다. 진짜 무게는 겪어본 사람만이 안다.

— 인간적인, 너무나 인간적인 2권
Human, All Too Human II

167

언어는 그 사람이 살아온 방식의 흔적이다

한 사람이 살아온 과거를 보여주는 방식은 여러 가지가 있다. 표정, 주름, 옷차림 같은 것들 중 가장 살아온 시간이 많이 묻어나는 것은 말이다. 어떤 말투를 쓰는지, 어떤 단어를 고르는지, 무엇을 강조하는지만 봐도 그가 자라온 환경과 경험을 알 수 있다. 무심코 내뱉은 한마디에도 과거의 습관이 스며 있기 때문이다. 화를 낼 때 쓰는 표현, 기뻐할 때 뱉는 말, 위로할 때 선택하는 문장은 모두 그 사람이 살아온 방식의 흔적이다. 말은 한 사람의 마음을 감싸고 있는 외피다. 그래서 말을 듣다 보면 표정이나 행동보다 더 깊은 속마음을 알 수 있다. 누군가를 이해하고 싶다면 자주 하는 말을 들어봐야 한다. 처음에는 거짓을 섞을 수 있지만 오래 들으면 결국 그 사람의 진짜 얼굴이 보인다. 말을 보면 그 사람이 보인다.

— 인간적인, 너무나 인간적인 2권
Human, All Too Human II

168

변화를 원한다면 불편함을 견뎌야 한다

낡은 생각, 습관은 오래 입은 옷처럼 몸에 익는다. 익숙하다는 이유로 그것을 붙잡고 산다. 하지만 그 옷은 점점 무겁고 답답해져 더는 움직이지 못하게 만든다. 뱀처럼 껍질을 벗어야 한다. 여러 번 껍질을 벗어 던지고 다시 새로운 피부로 돌아가야 한다. 오래된 껍질을 벗어야만 이전에는 절대 보지 못했던 것을 볼 수 있다. 변화는 늘 불편하다. 하지만 껍질을 벗지 않으면 새로운 공기와 빛은 결코 스며들지 않는다. 너를 가장 방해하는 것은 익숙한 것이다.

— 인간적인, 너무나 인간적인 2권
Human, All Too Human II

169
실망은 한 번으로 끝나지 않는다

실망이 무서운 이유는 한 번으로 끝나지 않기 때문이다. 그 순간의 상처는 아문 것처럼 보여도 마음 어딘가에 흔적이 남는다. 그리고 그 흔적은 다음에 마주할 상황에서 조용히 고개를 든다. 이번에도 그럴지 모른다는 속삭임이 시작되면 믿음은 이미 예전과 같을 수가 없다. 경계심은 높아지고 의심은 더 빨라진다. 다시는 같은 상처를 받지 않겠다는 결심이 새로운 관계와 기회를 향한 문까지 닫아버린다. 실망이 깊을수록 불신도 깊어진다. 그 불신은 나를 지키지만 동시에 나를 고립시킨다.

— 인간적인, 너무나 인간적인 2권
Human, All Too Human II

170

가장 깊은 상처는
가장 사랑했던 것에서 온다

가장 깊은 상처는 어디에서 오는가? 낯선 적이 아니다. 대부분 내가 믿고 의지하고 사랑하던 것에서 온다. 사랑은 경계를 낮춘다. 마음을 열고 약한 부분까지 보여주게 만든다. 그 안에서는 의심이 설 자리가 없다. 모든 방어도 풀린다. 그래서 배신과 실망이 찾아왔을 때 그 충격이 몇 배로 커지는 것이다. 사랑했던 만큼, 믿었던 만큼 무너진다. 나를 가장 크게 무너뜨리는 것은 한때 나를 지탱하던 바로 그것이다.

― 인간적인, 너무나 인간적인 2권
Human, All Too Human II

171
평생 친구는 환상이다

외롭다고 아무나 만나 고통을 자초하지 마라. 평생 친구 같은 건 없다. 세상에는 잘해줘도 고마워하지 않는 사람들이 대부분이다. 호의를 권리로 착각하는 것이 인간이다. 원래는 사람을 좋아하고 정이 많았던 사람들이 믿었던 친구에게 배신당한 뒤로 사람과 깊게 사귀지 않는 모습을 흔히 볼 수 있는 것이 바로 그 이유 때문이다. 철없는 얘기, 시시덕거리는 일도 한때다. 분위기에 맞춰주는 것도 지치고 부질없는 신세 한탄도 듣기 싫어진다. 관계라는 것 때문에 우리는 외로움과 배신 속에서 살고 끝없이 실망하고 상처받는 존재가 된다. 외로움을 자연스레 받아들여라. 사람이 불행해지는 이유는 고독할 줄 모르기 때문이다. 나이가 들수록 혼자 지내는 힘을 가질 때 비로소 행복해진다.

— 반시대적 고찰
Untimely Meditations

172

지금의 편안함은 내일의 짐이다

편안함은 달콤하다. 잠시 힘을 내려놓게 하고 불편함에서 벗어나게 한다. 하지만 편안함만큼 중독성이 강한 것도 없다. 한번 편해지기 시작하면 인간은 멈출 줄 모른다. 해야 할 일 대신 당장 편해질 수 있는 선택을 내리기 시작한다. 그런 선택을 반복하다 보면 그 대가는 천천히 그러나 무겁게 쌓인다. 지금의 편안함이 더 큰 부담이 되어 돌아온다. 자신이 해야 하는 일에 대해 의심하거나 조금이라도 쉽게 가려 하는 것의 일종의 병이다. 편안함이 주는 값은 즉시 지불하지 않아도 되지만 결국 가장 무거운 형태로 청구된다.

— 인간적인, 너무나 인간적인 2권
Human, All Too Human II

173

책임은 피할수록 더 무겁게 자란다

우리 안에는 폭군이 있다는 것을 아는가? 그 폭군은 우리가 본래의 목적에서 눈을 돌릴 때마다 그 대가를 빼앗아 가는 것이다. 무언가를 미루고 무언가를 회피하면 결국 그 짐이 예전보다 더 큰 형태로 돌아오는 것이 바로 폭군이다. 책임은 한 번 짊어진다고 끝나는 짐이 아니다. 나와 함께 움직이며 내가 어디로 가든 따라온다. 그래서 사람들은 책임을 피하려 한다. 다른 일에 몰두하거나 더 작은 목표로 시선을 돌리며 무게를 줄이려고 한다. 그런다고 해서 책임이 사라지지 않는다. 그 자리에 남아 보이지 않는 곳에서 더 무겁게 자란다. 책임은 피한다고 가벼워지지 않는다. 오히려 피하는 순간 이미 더 큰 짐을 짊어지게 된다. 도망치지 말아야 하는 것에서 도망치지 말라.

— 인간적인, 너무나 인간적인 2권
Human, All Too Human II

174

세상은 강한 자에게 더 무거운 짐을 준다

세상이 누군가에게 짐을 맡기려고 할 때 선별하는 기준은 강인함이다. 삶의 고난, 역경, 고통은 아무에게나 얹히는 듯 보이지만 끝내 가장 무거운 짐은 가장 강한 사람의 어깨 위에 놓인다. 강한 사람은 쉽게 부서지지 않는다. 세상은 그들에게 더 많은 무게를 주고 더 깊은 고통과 더 큰 책임을 준다. 그 짐은 단순히 살아가는 무게 정도가 아니라 많은 이들이 감당하지 못할 정도의 무게다. 그러나 그 짐을 짊어지고 가는 동안 강한 사람은 다른 이들이 보지 못한 것을 본다. 그 길은 고통스럽지만 그 무게가 바로 강한 사람을 더 강하게 만들고 세상을 이끌게 만든다. 무거운 짐은 선택받은 자의 몫이다. 당신의 삶이 고통스럽다면 당신은 선택받았다는 증거다.

— 인간적인, 너무나 인간적인 2권
Human, All Too Human II

초역 니체의 말

초판 1쇄   2025년 9월 29일

지은이   니체
엮은이   권용선
디자인   박인미 김소미
펴낸곳   지혜의숲
출판등록 2021년 5월 21일 제2021-000019호
이메일   grovepress2000@gmail.com

ISBN   979-11-93282-38-0 (03190)

* 이 책의 판권은 엮은이와 지혜의숲에 있습니다.
* 책 내용의 전부 또는 일부를 이용하려면
  반드시 지은이와 지혜의숲 양측의 서면 동의를 받아야 합니다.